El pH emocional

Tu brújula para la salud emocional

OSKAR UGARTE

El pH emocional

Tu brújula para la salud emocional

Una guía para el autoconocimiento

EDICIONES OBELISCO

Si este libro le ha interesado y desea que le mantengamos informado
de nuestras publicaciones, escríbanos indicándonos qué temas son de su interés
(Astrología, Autoayuda, Psicología, Artes Marciales, Naturismo,
Espiritualidad, Tradición…) y gustosamente le complaceremos.

Puede consultar nuestro catálogo en www.edicionesobelisco.com

Colección Psicología
El pH emocional. Tu brújula para la salud emocional
Oskar Ugarte

1.ª edición: marzo de 2026

Maquetación: *Juan Bejarano*
Corrección: *M.ª Ángeles Olivera*
Diseño de cubierta: *Enrique Iborra*

© 2026, *Oskar Ugarte*
(Reservados todos los derechos)
© 2026, Ediciones Obelisco, S. L.
(Reservados los derechos para la presente edición)

Edita: Ediciones Obelisco, S. L.
Collita, 23-25. Pol. Ind. Molí de la Bastida
08191 Rubí - Barcelona - España
Tel. 93 309 85 25
E-mail: info@edicionesobelisco.com

ISBN: 978-84-1172-360-2
DL B 22120-2025

Impreso en los talleres gráficos de Romanyà/Valls S. A.
Verdaguer, 1 - 08786 Capellades - Barcelona

Printed in Spain

Sobre este libro

Este libro no es un tratado científico ni una guía clínica. Es una invitación… Tu propia invitación.

Se trata de una propuesta accesible, simbólica y muy útil para todas aquellas personas que sienten que algo en su mundo emocional necesita orden, comprensión y transformación.

La metáfora del pH emocional nace de una idea simple: ayudarte a entender que, al igual que tu cuerpo necesita equilibrio entre la acidez y la alcalinidad para funcionar de forma saludable, tu sistema emocional también requiere un equilibrio entre las emociones contractivas y las emociones expansivas.

Cada capítulo está diseñado para que puedas identificar, comprender y regular ese equilibrio emocional interno, aplicándolo de forma práctica en tu vida cotidiana. Tanto si eres terapeuta, educador, madre, padre, líder de equipo o simplemente un ser humano que quiere vivir con más autenticidad y profundidad, este libro te ofrece una brújula sencilla pero poderosa para navegar por tu experiencia emocional con una consciencia mucho más nítida.

Este texto está vivo… muy vivo, y se ha escrito desde la experiencia y el amor profesado al ser humano, no desde la teoría que, aunque necesaria, es la primera frontera con la realidad experiencial.

Y si de algo estoy seguro, es que está pensado para acompañarte, no para juzgarte. Si decides abrirlo con honestidad, verás que no se trata de cambiar quién eres, sino de reconectar con lo que ya habita en ti.

Agradecimientos

Al llegar a este punto, no puedo evitar detenerme un momento para mirar atrás, hacia mi pasado y hacia todos aquellos que han sido parte de este viaje, directa o indirectamente.

Nada de lo que he creado habría sido posible sin la presencia, el amor y las enseñanzas que la vida me ha brindado a través de cada persona, circunstancia y desafío personal.

En primer lugar, quiero agradecer a quienes estuvieron a mi lado en los momentos más oscuros, cuando el sufrimiento parecía ser el único camino.

Gracias por ser luz en medio de la tormenta y por recordarme que la resiliencia y el crecimiento nacen, la mayoría de ocasiones, en el lugar donde más duele. Vuestra paciencia, apoyo y fe en mí me dieron la fuerza para seguir adelante.

A mi familia, el pilar fundamental de todo lo que soy. *Agradezco su amor incondicional, sus ejemplos de fortaleza y sus enseñanzas,* incluso aquellas que surgieron de momentos difíciles. Cada uno de vosotros ha sido una parte esencial de mi aprendizaje y mi despertar.

Esmeralda, compañera de vida:

Has sido la mejor maestra, la compañera más leal y la mayor fuente de motivación en mi sendero de vida. A través de los momentos de luz y sombra, me has enseñado lo que significa amar, crecer y caminar juntos. Gracias por ser espejo, guía y refugio. Gracias de todo corazón.

A mis hijos:
Oskar del Sol, mi Oso amoroso:

Tu presencia incondicional ha sido el bálsamo que todo náufrago de la infancia necesita. En los momentos de oscuridad y desconcierto, fuiste mi brújula, recordándome siempre el camino hacia la esperanza. Gracias, Oso bondadoso, por ser luz en mis días más grises y por el amor que irradias a cada instante.

Lucía, mi pequeño trocito de gloria:

Mirarte es encontrar sentido a todo lo que hago. Abrazarte es como rozar el cielo, y en tus juegos descubro el poder transformador del amor. Con cada sonrisa y cada palabra, me recuerdas la importancia de ser un pilar para ti, ese que tu subconsciente guarda en lo más profundo. Gracias por enseñarme el valor de la inocencia y la alegría.

A mi madre:

Gracias a tu sacrificio inconsciente, me mostraste un sendero que, aunque repleto de sombras, me enseñó justo lo que debía evitar. A través de compartir tu camino, ese que te llevó a un final prematuro, encontré la claridad para crear un nuevo destino, uno donde la comprensión, la paciencia, la entrega y el amor se convirtieran en guía.

Gracias por ser parte de mi aprendizaje más transformador.

A mi padre:

Desde lo más profundo de mi ser, *gracias por tu ausencia,* por no estar, por no ser y por no existir en mi vida; tú me brindaste, sin saberlo, la oportunidad de descubrir mi propia manera consciente de acompañar a mis hijos. Tu vacío me enseñó la importancia del amor presente, de la guía constante y de la presencia que sostiene.

Gracias, porque a través de tu ausencia, aprendí el verdadero valor de ser padre.

A mis amados abuelos:

Gracias por cuidarme, por ofrecerme lo mejor de vosotros sin que existiera obligación alguna, tan sólo el amor puro e incondicional que habita en los corazones nobles. Fuisteis el faro que iluminó mi alma en aquellos tiempos oscuros, cuando el dolor, la incomprensión y la tristeza parecían envolver mi infancia.

Vuestra presencia, aun demasiado lejana en ocasiones, fue el refugio que sostuvo mi esperanza, el ancla que evitó que el sufrimiento consumiera mi esencia.

Gracias por ser amor en su forma más genuina, por mostrarme que incluso en medio de la tormenta, siempre puede haber una luz que nos guía hacia la paz.

«Que vuestras almas caminen juntas en el Más Allá».

A mis valiosos amigos, compañeros de viaje en este sendero de autodescubrimiento. *Gracias por ser refugio, espejo y fuente de inspiración.* Por escucharme, animarme y compartir conmigo las reflexiones más profundas que nos llevaron a crecer juntos.

Especial mención a Santiago:

Mi querido *chavete*. Gracias por esos momentos compartidos, por las conversaciones profundas y los mejores cafés entre hombres de verdad, honestos, sensibles y comprometidos con los suyos. En cada encuentro me mostraste que la amistad verdadera se nutre de la autenticidad, del respeto y del apoyo incondicional. *Tu presencia ha sido una brújula de camaradería y fortaleza,* un recordatorio constante de que no caminamos solos en esta vida.

Gracias por estar ahí, con tus palabras sabias y tu compañía leal, en los instantes en los que más lo necesitaba.

Quiero también expresar mi gratitud a los maestros, autores y pensadores que han iluminado mi camino con sus palabras y enseñanzas.

De ellos aprendí que la vida es un constante aprendizaje, que la aceptación, la autocompasión y la gratitud son claves esenciales para una existencia consciente y plena.

Aquí debo detenerme para rendir homenaje al más grande maestro que España ha dado a luz, según mi humilde opinión: Mario Alonso Puig.

Con sus palabras ha logrado que miles de personas den un giro profundo a sus vidas, reinventándose desde su propia esencia. Yo soy, y siempre seré, uno de esos afortunados. Su capacidad para inspirar, para guiar con sabiduría y esperanza, ha sido un faro en mi propio proceso de transformación.

Muchos de los conocimientos que he adquirido, así como las directrices que han orientado mis estudios, *nacieron de la luz que habita en sus enseñanzas.*

Su legado de amor, consciencia y renovación personal seguirá iluminando el sendero de quienes buscan vivir con más plenitud y autenticidad.

Gracias, maestro, por ser una guía para tantos corazones en busca de claridad y sentido.

Ahora unas breves pero sinceras palabras para el alma más noble y luchadora que he tenido la suerte de encontrar en todos mis años como terapeuta. Gracias, María José, por no haberte rendido, por darlo todo en cada terapia, en cada formación, en cada momento que hemos pasado juntos luchando en tus batallas y, de cierta manera, en las mías propias.

Eres un ejemplo virtuoso de los más altos valores del ser humano.

A todos los lectores de esta obra, *gracias por permitir que mis palabras formen parte de vuestro camino y de vuestra vida.* Espero que este libro sea una invitación a la introspección, al crecimiento personal y a la transformación del sufrimiento en una oportunidad para descubrir la grandeza que habita en vuestro interior.

Finalmente, agradezco a la propia vida, *esa experiencia maravillosa y enigmática* que, a través de sus luces y sombras, nos muestra que siempre es posible reinventarnos.

Porque en cada amanecer se esconde una nueva posibilidad, y en cada paso que damos, una oportunidad de avanzar con consciencia y esperanza.

A todos vosotros, desde lo más profundo de mi ser:

GRACIAS, POR TODO Y POR TANTO.

Prólogo

Éste no es un libro más sobre emociones. No queremos más libros vacíos de realidad o llenos de frases empoderadoras…

No queremos autoayuda…

Hoy en día, los buscadores, aquellos que no nos conformamos con lo que heredamos genética o familiarmente, queremos aprender, entendimiento, comprensión, aplicación, cambio y reinvención… Y para ello, uno de los pasos imprescindibles es el autoconocimiento.

Este libro es una guía para comprender cómo tus estados personales, emocionales y anímicos, acumulados, repetidos y en muchos casos negados, están afectando a tu equilibrio vital, y lo hace desde una idea simple pero poderosa: tu mundo, tu sistema emocional, tiene un pH, igual que tu cuerpo.

Durante años he acompañado a personas en procesos profundos de transformación y evolución personal, así como he formado a cientos de personas en *Soft Skills*, y he visto cómo algunas emociones, cuando perduran en el interior sin comprensión ni gestión, funcionan como ácidos que desgastan desde dentro, mientras que otras, bien entendidas y aceptadas, parecen reparar, calmar y regenerar la salud mental y fisiológica.

Quizá lo más importante de mi experiencia como terapeuta, o sea, esa maravillosa acumulación de momentos plenos de realidad, sea ésta: no se trata de evitar las emociones «negativas» como hace la mayoría de personas que desconocen la naturaleza del sistema emocional, sino de aprender a conocerlas, aceptarlas, integrarlas y equilibrarlas.

Harto ya de publicaciones contra el miedo, o malversando la culpa… hay toda una corriente de «adicción a la positividad» que, lejos de ayudar a los receptores, empeora el estado anímico de las personas que creen que su vida debe estar llena de «confeti emocional» las veinticuatro horas del día.

Es absolutamente necesario, si uno desea una vida plena, aprender la correcta aplicación de la gestión emocional en lo personal y en lo profesional para conseguir un Ph emocional saludable, que incida de manera constructiva en nuestro estado de ánimo personal.

Este libro nace con un objetivo claro: ayudarte a comprender y regular tu *sistema emocional* para que puedas vivir con más coherencia, salud interior y presencia. No es una receta mágica ni una promesa de felicidad constante, te lo aseguro. Es, nada más y nada menos, que una poderosa herramienta de autoconocimiento.

Vamos a explorar juntos este nuevo lenguaje que, con suerte, te dará las palabras que te han faltado para nombrar lo que sientes. Y si algo de lo que aparece en estas páginas resuena contigo, ya habremos logrado el primer paso: mover tu sistema emocional hacia su punto de equilibrio.

Ahora sí. Comencemos…

Sobre la relevancia de las emociones en la vida humana

Las emociones no son una debilidad ni un accesorio molesto de la vida cotidiana. Son un sistema sofisticado y, a la vez, primario de información, mamífero y profundamente humano, que nos conecta con lo que somos, con lo que necesitamos y con lo que más valoramos.

Desde que nacemos, nuestras emociones nos guían mucho antes que cualquier palabra. El llanto de un bebé no sólo expresa incomodidad: es su primer lenguaje, su forma de reclamar conexión, alimento o cuidado. Y ese lenguaje, aunque se vuelve mucho más complejo con el tiempo, nunca dejará de hablarnos y de comunicarse hacia dentro y hacia fuera.

Las emociones nos dan dirección. Nos alertan del peligro y del deseo, nos motivan al cambio, nos invitan a establecer vínculos o a ponerles límites. Nos indican cuándo algo va en contra de nuestros valores más íntimos, cuándo estamos desconectados de nosotros mismos o cuándo hemos encontrado algo que nos nutre profundamente.

Sin embargo, muchas personas han crecido aprendiendo que las emociones deben ser reprimidas, ignoradas o sustituidas por «actitudes positivas». Desde una sociedad demasiado «cartesianizada», se ha sobrevalorado la razón y la lógica, y se ha minimizado el sentir y el expresar, como si la lógica pudiera resolver aquello que sólo puede ser abrazado desde el corazón.

Pero la vida emocional no desaparece por el simple hecho de negarla. Todo lo contrario. Se transforma en miedo crónico, en ansiedad, en reacciones impulsivas, en insatisfacción personal o en enfermedades del cuerpo que gritan lo que no hemos sabido decir en su momento.

Por eso, este libro no trata sólo de definir un concepto novedoso como el pH emocional, sino que deseo invitarte a recuperar el vínculo con tu mundo interior, con ese que quizá hayas dejado un poco de lado. Porque ahí, en ese universo emocional que bulle bajo la superficie, se encuentran muchas de las respuestas a preguntas antaño olvidadas que has estado buscando.

Conocer, comprender, aceptar y regular nuestras emociones es, posiblemente, uno de los aprendizajes más intensos y transformadores de la existencia humana.

No sólo para vivir con menos sufrimiento, sino también para aprender a vivir con más sentido, más verdad y más humanidad. Y por eso estamos aquí. Para comenzar ese viaje. Ese breve pero intenso periplo que, sin lugar a dudas, dejará una hermosa impronta en tu corazón.

Bienvenido al viaje…

Capítulo 1

¿Qué es el pH emocional?

Cuando escuchamos pH solemos pensar en ciencia, en laboratorios, en productos de limpieza o salud corporal, ya que es muy común leer ese concepto en ese tipo de entornos.

Nuestra mente nos envía el significado más rápido, ese al que está más que acostumbrada, pero hoy vamos a llevar ese concepto al terreno de lo psicoemocional, porque lo que ocurre en el cuerpo ocurre también en el alma y, cómo no, en la mente.

El *pH fisiológico* mide el nivel de acidez o alcalinidad en el cuerpo humano. Se expresa en una escala del 0 al 14:

- Menos de 7 es ácido.
- Más de 7 es alcalino.
- El punto ideal en la sangre humana es 7,45, ligeramente alcalino.

Si el cuerpo se vuelve demasiado ácido o demasiado alcalino, entra en desequilibrio y puede dar lugar a complicadas disfunciones fisiológicas, llegando incluso a la muerte.

Pues bien, tu *mundo emocional* funciona de forma similar. El *pH emocional* es una forma simbólica de nombrar al equilibrio entre las emociones contractivas (que mal gestionadas corroen) y las emociones expansivas (que bien expresadas regeneran).

No se trata de suprimir las primeras ni de exagerar las segundas, sino de reconocer cómo se combinan y cuál es el efecto global que están generando en ti.

Imagínate tu sistema emocional como un recipiente que recibe cada día muchas pequeñas dosis de emociones. Algunas son más ácidas: ira, miedo, culpa, vergüenza, tristeza densa. Otras son más alcalinas: gratitud, calma, alegría, confianza, ternura.

El equilibrio entre ambas es lo que determina tu pH emocional… Si la mayor parte de tus emociones son ácidas y se acumulan sin ser liberadas o transformadas, tu sistema entra en *acidosis emocional*: te vuelves más reactivo, más irritable, más cansado.

Si sólo vives en una burbuja de positividad, negando el dolor, puedes entrar en *alcalosis emocional*: desconexión, insensibilidad, falta de autenticidad, falsa psicoespiritualidad…

Este concepto, el del pH emocional, no es una clasificación médica, sino una herramienta de consciencia creada para ayudarte a generar un equilibrio en tu sistema interno emocional.

Un lenguaje nuevo para ayudarte a observar lo que antes pasaba desapercibido: *tu propia química emocional.*

Y ahora que lo sabes, ¿te has preguntado dónde está hoy tu pH emocional? Vamos a ver cómo proceder.

Las emociones. Naturaleza, tipos y dinámica

Para comprender el pH emocional, es fundamental conocer el terreno que estamos midiendo: las emociones y el sistema emocional que componen, con todo lo que ello conlleva.

No son simples estados de ánimo ni impulsos pasajeros. Son *reacciones psicofisiológicas complejas* que surgen ante estímulos internos o externos y que tienen una función vital: informarnos, impulsarnos y conectarnos con nuestro entorno y con nosotros mismos.

Las emociones son parte de nuestra arquitectura evolutiva. Son innegables, imparables y podemos negarlas mirando para otro lado, pero ellas seguirán en nosotros de formas y maneras que no podemos ni imaginar.

Nos han acompañado desde los orígenes de la humanidad para poder *garantizar nuestra supervivencia y adaptación.* El miedo nos alertó del peligro, la ira nos dio fuerza para defendernos, la alegría nos ayudó a socializar y fortalecer vínculos, la tristeza nos permitió procesar pérdidas y pedir ayuda. Pero su función va más allá de lo biológico. Las emociones son también *el lenguaje de la mente y del cuerpo ante la realidad.* Son una especie de brújula interna que, si aprendemos a leer, nos permite navegar por la vida con mayor autenticidad y coherencia.

Cada emoción conlleva un mensaje y una necesidad implícita. Ignorarlas no las elimina, las distorsiona. Reprimirlas no las cura, las enquista.

Por eso, aprender a identificarlas, nombrarlas y gestionarlas es un acto de higiene emocional tan necesario como respirar o alimentarse bien.

Comprender tus emociones es comprender tus límites, tus heridas, tus deseos y tus valores. Es comenzar a *escuchar tu verdad interna* más allá de los mandatos sociales, los roles aprendidos o las máscaras cotidianas. En el fondo, las emociones son grandes aliadas, si sabemos leerlas con inteligencia emocional, y el pH emocional es la forma en que ellas, todas unidas, te hablan en conjunto. No como notas aisladas, sino como una sinfonía que puede estar en armonía o en disonancia.

Aprender a escucharlas con presencia es el primer paso para regular tu sistema emocional y *volver a tu centro.*

Tengo una frase que puede parecer paradójica, pero te invito a que la analices y me envíes tu conclusión: «Las emociones no son humanas. Los humanos todavía tenemos emociones».

Las emociones no son humanas. Las emociones son universales, primordiales, fuerzas invisibles que atraviesan la vida en todas sus formas. Son corrientes que preceden al pensamiento, lenguajes arcaicos que la existencia inventó para garantizar movimiento, conexión y supervivencia.

Los humanos simplemente las hospedamos. Todavía tenemos emociones como quien conserva en su interior un fuego que no le pertenece pero que lo habita. Las sentimos, las nombramos, las interpretamos y a menudo nos confundimos creyendo que son nuestras. Pero en realidad las emociones no nos pertenecen: pasan a través de nosotros como olas que moldean la arena, como vientos que sacuden la rama.

El ser humano que comprende esto empieza a relacionarse con ellas de otra manera, no como dueño, sino como guardián consciente de un poder que lo sobrepasa.

Las emociones no son humanas, pero es profundamente humano aprender a danzar con ellas sin dejar que gobiernen nuestra vida.

Emociones primarias

Las emociones primarias son universales, innatas y automáticas. Todas las personas, e incluso muchos animales, las experimentan sin importar su raza, color, cultura o historia personal. Son reacciones inmediatas mamíferas ante ciertos estímulos.

En este enfoque vamos a incluir un rango más amplio de emociones básicas, no sólo desde la neurociencia, sino también desde una mirada más humanista y relacional.

Las principales son:

- **Miedo**: ante una amenaza o peligro.
- **Ira**: ante una injusticia o frustración.
- **Tristeza**: ante una pérdida, ausencia o separación.
- **Alegría**: ante una ganancia o experiencia positiva.
- **Asco**: ante algo repulsivo, tóxico o amenazante para la integridad.
- **Sorpresa**: ante lo inesperado o novedoso.
- **Afecto**: impulso natural hacia la conexión, el apego y el cuidado.
- **Deseo**: energía que nos empuja hacia la satisfacción, la exploración o la conquista.
- **Desprecio**: reacción defensiva ante aquello que consideramos inferior, falso o amenazante para la identidad.
- **Curiosidad**: impulso explorador que nos lleva a investigar, conocer y ampliar nuestros límites.

Estas emociones cumplen una función *profundamente adaptativa*, ya que nos protegen del peligro, nos impulsan a actuar y nos conectan con los demás. Son parte del legado evolutivo que compartimos con otros mamíferos, quienes también experimentan respuestas emocionales ante el dolor, la amenaza o el vínculo afectivo. Un cachorro que gime al alejarse de su madre o un felino que se defiende con furia al sentirse acorralado son expresiones universales de lo que podríamos llamar emociones primarias.

En nosotros, estas emociones no sólo sobreviven, sino que se complejizan, dándonos acceso a un universo emocional más amplio pero enraizado en lo mismo, la necesidad de sentir para adaptarnos, protegernos y vincularnos con el mundo.

Emociones secundarias

Para ilustrar esta idea, veamos algunos ejemplos de emociones secundarias y las emociones primarias que suelen componerlas:

- **Vergüenza**: suele surgir de la combinación de miedo (al juicio o rechazo), tristeza (por no estar a la altura) y desprecio hacia uno mismo.
- **Culpa**: integra miedo (a perder el vínculo o ser castigado), tristeza (por haber causado daño) y afecto (hacia la persona afectada).
- **Bochorno**: versión más breve e intensa de la vergüenza, unida a la sorpresa por ser expuestos.
- **Satisfacción**: nace de la alegría, la confianza y el afecto tras lograr algo valioso.
- **Entusiasmo**: es la mezcla de alegría, deseo y curiosidad frente a una posibilidad estimulante.
- **Orgullo**: surge de la alegría y la confianza por un logro, con deseo de compartirlo o validarlo.
- **Indignación**: nace de la ira y la tristeza ante una injusticia, con deseo de reparar o actuar.
- **Humillación**: se compone de tristeza, ira contenida y miedo a la exposición o desvalorización.
- **Arrepentimiento**: combina culpa, tristeza y deseo sincero de rectificar o reparar.
- **Embelesamiento**: mezcla de alegría, afecto y curiosidad que genera fascinación o atracción.
- **Admiración**: surge desde la alegría, la sorpresa y el afecto hacia alguien que encarna características que valoramos profundamente.
- **Enamoramiento**: estado complejo que une alegría, deseo, afecto profundo y curiosidad intensa por el otro.

- **Decepción**: aparece cuando se combinan tristeza, sorpresa (negativa) y miedo ante una expectativa rota.
- **Desesperación**: mezcla de miedo intenso, tristeza profunda e ira impotente cuando no se perciben salidas.
- **Envidia**: une tristeza por la carencia, deseo no satisfecho e ira oculta hacia quien posee lo que deseamos.
- **Ansiedad**: nace del miedo anticipatorio, mezclado con sorpresa constante y deseo de controlar lo incontrolable.
- **Pesimismo**: ésta es una construcción emocional basada en tristeza, miedo y una desconfianza generalizada hacia el futuro.
- **Celos**: compuesta por el miedo a perder el afecto, la atención o la exclusividad del otro, tristeza ante la posibilidad de sentirse desplazado, ira dirigida hacia la persona que se percibe como rival o incluso hacia la propia pareja y desprecio (en ocasiones) cuando se intenta «rebajar» al supuesto rival como mecanismo de defensa para no sentir vulnerabilidad.

Ahora que hemos diferenciado los diferentes tipos de emociones entre primarias y secundarias (también denominadas simples y compuestas), quiero que hagamos hincapié en otra distinción que, aunque menos objetiva, puede llegar a ser tremendamente clarificadora, las emociones racionales y sus derivadas irracionales.

Racionales vs. irracionales

Cuando hablamos de emociones, solemos pensar en una fuerza indomable, instintiva, que brota sin control. Sin embargo, no todas las emociones funcionan de la misma manera ni tienen el mismo grado de coherencia con la realidad que vivimos.

Si nos centramos en la coherencia (gran palabra por cierto), podríamos distinguir dos grandes categorías: emociones racionales y emociones irracionales.

Emociones racionales

Son aquellas que guardan coherencia con los hechos objetivos. Surgen como respuesta proporcionada a un estímulo real. Si alguien nos agrede verbalmente, sentir enfado es racional; si perdemos a un ser querido, sentir tristeza es racional; si estamos ante un peligro, sentir miedo es racional.

Estas emociones cumplen una función adaptativa: nos informan de lo que ocurre, nos alertan, nos invitan a protegernos o a tomar decisiones ajustadas a la situación.

Son señales de nuestro organismo en sintonía con la realidad externa.

Emociones irracionales

Por el contrario, las emociones irracionales no se corresponden con la situación objetiva, o bien aparecen magnificadas, desbordadas, teñidas por interpretaciones subjetivas, creencias distorsionadas o heridas antiguas. Por ejemplo, sentir pánico a hablar en público, como si la vida estuviera en riesgo, aunque el escenario real no implique una amenaza vital; o sentir unos celos desproporcionados cuando no hay evidencias de traición, sino sólo inseguridad interior.

Estas emociones no son «malas» en sí mismas, pero sí nos alejan de la proporcionalidad y generan un pH emocional ácido, cargado de toxicidad interna. Responden más a nuestros fantasmas que a la realidad del presente.

La clave del equilibrio

Comprender esta diferencia no significa rechazar las emociones irracionales, sino aprender a reconocerlas, cuestionarlas y transformarlas.

Mientras las emociones racionales se aceptan y gestionan desde la acción consciente, las irracionales requieren *autoconocimiento, reencuadre cognitivo* y, a menudo, un trabajo profundo con nuestras creencias y heridas del pasado.

En definitiva, *el arte de regular el pH emocional consiste en escuchar todas las emociones, pero discernir cuáles nos hablan del presente y cuáles son ecos del pasado que siguen resonando en nuestro interior.* Me gustaría poner una bella metáfora: podemos imaginar que las emociones son como el agua que circula por nuestro interior.

- **Las emociones racionales** serían como *agua clara y fresca.*

  No siempre es agradable –a veces está fría, otras veces intensa– pero es transparente y refleja con fidelidad lo que ocurre. Nos permite ver el fondo del río, interpretar lo que pasa y tomar decisiones ajustadas.

  Esa agua limpia cumple su función: hidrata, refresca y mantiene el equilibrio de nuestro ecosistema interior.

- **Las emociones irracionales**, en cambio, se asemejan a *agua turbia o contaminada.* Se llenan de sedimentos que no provienen del presente, sino de interpretaciones, creencias, miedos heredados o heridas que siguen supurando desde el pasado.

  Cuando bebemos de esa agua, no sólo no calma nuestra sed, sino que también intoxica y altera nuestro pH emocional, volviéndolo ácido y dañino.

El desafío no es negar que el agua esté turbia —porque también tiene algo que enseñarnos—, sino *aprender a filtrarla*. Reconocer cuándo el río refleja la realidad y cuándo arrastra residuos antiguos es lo que nos permite diferenciar entre lo racional y lo irracional. En este sentido, las emociones racionales son como una *brújula que señala el norte con precisión*, mientras que las irracionales son como un *espejismo en el desierto*: nos hacen correr detrás de algo que no existe, agotando nuestras fuerzas y confundiendo nuestro camino.

En la medida en que desarrollamos consciencia y aprendemos a regular ese flujo, nuestro pH emocional recupera la armonía, ni ácido, ni alcalino en exceso, sino en ese punto justo donde la vida circula limpia, clara y fecunda.

Clasificación general. Emociones ácidas y alcalinas

Otra forma de observar el equilibrio emocional es clasificando las emociones según su efecto en nuestro sistema energético y vital:

- Las *emociones ácidas* tienden a generar contracción, toxicidad interna, malestar físico o mental. Acidifican el sistema emocional si se cronifican o se reprimen.
- Las *emociones alcalinas* tienden a relajar, expandir, regenerar y conectar. Alcalinizan el sistema emocional cuando se cultivan con consciencia.

A continuación, presento una leve clasificación orientativa basada en su impacto emocional. Recuerda que ninguna emoción es mala o buena, todo depende de su función, duración y gestión. Funcionar desde la dualidad de lo bueno o lo malo tan sólo activa mapas de creencias limitantes que, poco o nada, ayudan a comprender el tremendo, profundo e intrincado universo emocional.

Emociones ácidas (contractivas)

- Miedo paralizante.
- Tristeza estancada.
- Deseo sostenido en adicción.
- Esperanza ciega ante lo insostenible.
- Culpa ciega, propia o ajena.
- Vergüenza.
- Ira contenida o destructiva.
- Envidia.
- Enamoramiento inconsciente dependiente.
- Humillación.
- Ansiedad.
- Pesimismo.
- Desprecio (cuando se vuelve crónico o defensivo).
- Desesperación.
- Bochorno.
- Indignación (cuando se acumula sin acción o comprensión).
- Decepción (cuando se convierte en rencor).
- Celos desenfrenados.

Emociones alcalinas (expansivas)

- Alegría genuina.
- Culpa consciente responsable.
- Curiosidad.
- Ira defensiva.
- Tristeza consciente sanadora.

- Deseo motivador, erótico o inspirador.
- Gratitud (como sentimiento sostenido).
- Afecto.
- Ternura.
- Confianza.
- Calma.
- Esperanza.
- Embelesamiento.
- Entusiasmo.
- Admiración.
- Enamoramiento consciente.
- Satisfacción profunda.
- Anticipación consciente (intuición).
- Celos conscientes gestionados.

Este mapa no es rígido ni excluyente. Algunas emociones, como la ira, el miedo o el deseo, e incluso los celos, pueden ser útiles si están bien canalizadas.

El deseo, por ejemplo, puede ser una fuerza expansiva y alcalina cuando nos inspira a explorar, crear o amar, pero también puede acidificarse cuando se convierte en obsesión, envidia o frustración prolongada.

La consciencia emocional consiste en reconocer qué emociones predominan, cómo las vives y qué estás haciendo con ellas.

Pura gestión emocional.
Pura inteligencia emocional.

Capítulo 2

Acidosis emocional

Cuando el equilibrio emocional se inclina de forma sostenida hacia el lado ácido, comenzamos a experimentar un fenómeno al que llamaremos *acidosis emocional.*

Este estado no aparece de golpe ni se manifiesta con señales claras desde el principio. Es progresivo, silencioso y, muchas veces, está normalizado por la propia sociedad. Es como si el cuerpo emocional empezara a llenarse de toxinas invisibles que poco a poco van afectando a nuestra vitalidad, nuestra claridad mental y nuestra capacidad de vincularnos con autenticidad a otros, a nosotros mismos o a la vida misma.

Pero no sólo es el cuerpo emocional el que se va colmando de «toxinas» emocionales, sino que el cuerpo físico también lo hace a su forma y manera. Aquí, de manera secundaria, mencionaríamos a los neurotransmisores.

Cuando el equilibrio emocional se inclina hacia la acidosis emocional, lo que sucede no sólo es un fenómeno psicológico o metafórico. También el cerebro y el cuerpo responden químicamente a través de los neurotransmisores que regulan nuestro estado de ánimo, nuestra energía y nuestras conductas.

En condiciones de equilibrio emocional, los neurotransmisores actúan como un laboratorio vivo de homeostasis:

- La serotonina ayuda a mantener la calma y la estabilidad del ánimo.
- La dopamina regula la motivación, el deseo y el placer.
- La oxitocina fortalece el vínculo y la confianza.
- Las endorfinas suavizan el dolor físico y emocional.
- El GABA frena la sobreactivación neuronal, mientras que el glutamato la impulsa, generando juntos el balance entre calma y alerta.

Sin embargo, cuando el pH emocional se vuelve ácido de forma sostenida en el tiempo, este equilibrio neuroquímico también se altera:

- La dopamina se dispara o se deprime, generando adicciones, apatía o búsqueda compulsiva de recompensas externas.
- La serotonina desciende, facilitando estados de tristeza, irritabilidad o insomnio.
- La noradrenalina y el cortisol se mantienen altos, produciendo un estado de hiperalerta, tensión muscular y desgaste del sistema inmunológico, así como de otros sistemas determinantes.
- La oxitocina disminuye, dificultando la conexión afectiva y la confianza en los demás.

Lo que en el plano simbólico llamamos *toxinas emocionales*, en el plano neurocientífico se traduce en multitud de *neurotransmisores desbalanceados* que mantienen al cuerpo en alerta, acidifican el metabolismo y erosionan nuestra capacidad de resiliencia.

Así como un terreno físico demasiado ácido no permite que la vida florezca, un cerebro dominado por el cortisol y la dopamina desregulada no permite que la calma, la claridad y el amor se desarrollen con naturalidad.

He creído importante matizar esta parte más científica, pero continuemos con el tema del capítulo.

La «acidosis emocional» ocurre cuando las emociones densas –esas que duelen, incomodan o asustan– no son reconocidas, expresadas o integradas. En lugar de procesarlas, las reprimimos, las ignoramos o las acumulamos bajo capas de distracción, exigencia o control.

Empezamos a funcionar en modo supervivencia, reaccionando desde la herida subconsciente, en lugar de responder desde la consciencia. Este fenómeno se manifiesta como una especie de carga interna constante. Nos sentimos más irritables, más agotados, más desconectados. Con lo que antes disfrutábamos ahora nos pesa. Las relaciones se vuelven frágiles o tensas. Y nuestra salud –física, mental y espiritual– empieza a reflejar esa saturación.

El cuerpo somatiza lo que el alma calla. Lo más peligroso de la acidosis emocional no es la emoción en sí, sino su cronificación por un sostenimiento en el tiempo. Este estado de acumulación emocional sostenida está estrechamente relacionado con un concepto clave en neurociencia y salud, la carga alostática. Se refiere al desgaste progresivo que sufre el cuerpo en múltiples sentidos cuando se ve obligado a mantener durante demasiado tiempo sus mecanismos de adaptación al estrés.

Es como si el sistema nervioso, las glándulas y los órganos trabajaran en exceso para sostener lo insoportable.

Emocionalmente, esa carga se traduce en un pH cada vez más ácido, donde el cuerpo deja de distinguir entre una amenaza real y una emoción reprimida.

La carga alostática es el precio biológico de no soltar lo que nos pesa. Un sobreesfuerzo constante que, a largo plazo, puede derivar en un agotamiento psicológico crónico, graves enfermedades proinflamatorias, alteraciones hormonales o trastornos del sueño.

Comprender este vínculo entre emoción, sistema nervioso y cuerpo es esencial para tomar conciencia del impacto silencioso de nuestra vida emocional no procesada. De ahí la increíble relevancia de comprender y gestionar las emociones, ya sean contractivas o expansivas.

La tristeza no duele si se permite. La rabia no intoxica si se canaliza. El miedo no enferma si se escucha. Pero si todo eso se guarda, se traga o se oculta, el sistema colapsa. Y aquí entra una idea clave que muchas veces olvidamos: *no basta con soltar lo que nos intoxica; también es necesario nutrirnos con lo que nos regenera.*

No se trata con dejar de comer la llamada «comida basura», sino de nutrirnos con alimentos sanos y naturales. Igual que el cuerpo necesita alimentos alcalinos para contrarrestar los excesos de acidez, nuestro mundo emocional también precisa *emociones expansivas*, esas que oxigenan, abren, iluminan y sanan.

Cultivar conscientemente momentos de gratitud, belleza, ternura, humor, conexión auténtica o contemplación profunda es tan importante como liberar la tristeza o expresar la ira, porque no estamos hechos sólo para sobrevivir. También estamos pensados para *sentir plenitud*, y eso no ocurre por accidente: se cultiva como un jardín interior.

Las emociones contractivas no son malas ni hay que erradicarlas. Recordemos juntos la primera de las leyes emocionales: «No existen emociones buenas o malas, sino su correcta o incorrecta gestión».

Como ya he comentado, la ira puede protegernos, la tristeza puede mostrarnos lo que valoramos y el miedo puede ayudarnos a ser prudentes. Pero cuando estas emociones se vuelven crónicas, adictivas, dominantes o desproporcionadas, dejan de ser mensajes y se convierten en síntomas. Y en ese punto ya no escuchamos a la emoción, sino que estamos atrapados en su eco.

La emoción, que en su origen nos mostraba algo puntual, se instala como un ruido de fondo que distorsiona nuestra percepción y condiciona cada reacción. El miedo nos vuelve desconfiados, incluso de lo bello. La tristeza nos convence de que no hay salida. La rabia nos empuja a defendernos incluso cuando nadie nos ataca. Todo se filtra desde una química emocional que se ha vuelto tóxica, ácida, agotadora. Para regular este estado, no basta con «gestionar» emociones como quien apaga incendios. Necesitamos *reaprender a relacionarnos con ellas* desde un lugar más profundo y compasivo. Y, además, incorporar de forma activa emociones de naturaleza *expansiva*, que actúan como antídotos naturales ante el desgaste emocional.

La gratitud, por ejemplo, tiene la capacidad de neutralizar la amargura y de calmar ese fuego interno de la desesperanza. La ternura y la empatía suavizan la dureza del juicio. La calma contrarresta la intensidad del miedo y nos permite pensar con más consciencia y menos urgencia.

El humor –cuando es honesto y no evasivo– oxigena espacios de la psique que estaban asfixiados. Cada emoción expansiva es como una molécula de luz entrando en un terreno saturado de sombras y recovecos oscuros. Por eso, regular el pH emocional no es un acto mecánico, es un arte, el de equilibrar lo que duele con lo que alivia, lo que pesa con lo que eleva, lo que contrae con lo que abre. Y como todo arte requiere voluntad de cambio, aprendizaje, presencia, paciencia… y práctica consciente.

Retomando la acidosis emocional, ésta se manifiesta de muchas formas. Algunas son visibles y otras más sutiles, pero todas tienen algo en común, y es que nos alejan de nuestra vitalidad y de nuestra autenticidad.

- *Reacciones desproporcionadas o impulsivas*, como estallidos de ira, bloqueos emocionales o sobrerreacciones ante situaciones cotidianas. Son pequeñas explosiones que reflejan una acumulación no resuelta.
- *Sensación de agotamiento permanente*, una fatiga que no se resuelve con descanso, porque no es del cuerpo, sino del alma. Es el peso de lo no dicho, lo no sentido, lo no liberado.
- *Dificultad para conectar con la alegría genuina*, porque el sistema emocional está saturado y anestesiado. Hay una especie de apatía emocional, como si la capacidad para disfrutar estuviera entumecida.
- *Conflictos frecuentes en las relaciones*, porque cuando estamos ácidos por dentro, todo lo externo nos roza, nos hiere o nos irrita. Nos volvemos reactivos, poco receptivos y defensivos.
- *Enfermedades psicosomáticas*, como dolores musculares, problemas digestivos, insomnio, bruxismo, contracturas o fatiga inexplicable. El cuerpo habla el idioma de lo que nosotros no hemos sabido traducir emocionalmente.

Dada la tremenda relevancia de este último párrafo, me gustaría ampliar la información sobre cómo los trastornos psicoemocionales somatizan de manera fisiológica.

La acidosis emocional sostenida puede manifestarse en trastornos muy concretos que afectan tanto a nivel físico como funcional:

- *Trastornos gastrointestinales*: gastritis, colitis nerviosa, síndrome del intestino irritable, acidez estomacal crónica. El sistema digestivo es altamente sensible a las emociones reprimidas, especialmente al miedo, la preocupación y la culpa.

- *Tensiones y contracturas musculares crónicas:* cuello, espalda y mandíbula son zonas de acumulación típica de rabia contenida, sobrecarga emocional o autoexigencia. Aquí aparece el bruxismo, síntoma de una mente que no se detiene ni cuando duerme.

- *Fatiga crónica o astenia emocional:* una sensación persistente de cansancio que no mejora con el descanso y que suele tener raíces en una tristeza prolongada, la ansiedad constante o una lucha interior no resuelta.

- *Trastornos típicos del sueño:* insomnio, despertares nocturnos, pesadillas. La mente no puede relajarse cuando el cuerpo emocional está intoxicado. No descansar bien es el primer síntoma de un sistema emocional saturado.

- *Trastornos dermatológicos:* eccemas, urticarias, herpes, psoriasis o brotes en la piel que no tienen explicación médica clara. La piel, como límite del cuerpo, refleja a menudo conflictos no expresados o vergüenza profunda.

- *Alteraciones respiratorias leves:* hiperventilación, sensación de opresión torácica o dificultad para «coger aire» en momentos de estrés emocional. Literalmente, sentimos que algo «nos ahoga».

- Dolores de cabeza tensionales, jaquecas o migrañas: vinculados a la sobrecarga mental, la autoexigencia y la rabia contenida. Cuando la mente no para y el cuerpo no encuentra salida, la presión se acumula en forma de dolor.

- *Trastornos psicosexuales:* la *acidosis emocional* sostenida, asociada a una elevada *carga alostática*, altera la homeostasis neuroendocrina y afecta directamente a la función sexual. El exceso crónico de cortisol y catecolaminas interfiere en la producción de hormonas sexuales (testosterona, estrógenos, progesterona), generando disminución del deseo, disfunción eréctil o anorgasmia. Además, la hiperactivación del eje hipotálamo-hipófisis-adrenal provoca fatiga del sistema límbico y deterioro de los circuitos dopaminérgicos de recompensa, reduciendo la motivación sexual. Estos desajustes explican la aparición de trastornos psicosexuales derivados del estrés crónico, donde la raíz no es orgánica, sino la sobrecarga fisiológica y emocional mantenida en el tiempo.

He dedicado algo más de atención a los trastornos psicosexuales, derivados de la acidosis y la carga alostática, ya que este tipo de somatización, a su vez, se convierte en causa de otras afecciones que afectan al equilibrio psicoemocional y fisiológico.

Este tema merece demasiadas páginas como para incluirlo aquí, pero prometo escribir otro libro dedicado íntegramente a los trastornos psicosexuales derivados de la acidosis emocional.

Pero como he comentado antes, la acidosis no sólo se queda en el cuerpo. *La mente, nuestro poderoso sistema operativo personal, también se ve afectada.* Aparecen pensamientos obsesivos, críticas internas constantes, miedo al error, desconfianza hacia los demás y un patrón sutil pero corrosivo de victimismo o resignación. Perdemos claridad, perspectiva y sentido.

En esos estados no sólo se acidifica la sangre o el sistema nervioso. *Se acidifican el alma, la mente y el corazón.* Y lo más doloroso es que, a menudo, creemos que eso es normal, que «así es la vida», es decir, normalizamos el malestar holístico que sentimos.

¿Por qué ocurre esto? Porque no nos han enseñado a *sentir con consciencia*. Nos educaron para rendir, no para habitar. Para evitar el dolor, no para escucharlo. Aprendimos a ser más fuertes reprimiendo, a sobrevivir siempre desconectando, a encajar anestesiándonos con adicciones placenteras de dopamina.

Todo lo vulnerable fue etiquetado como debilidad. Vivimos en una cultura social que premia la productividad y penaliza la emocionalidad auténtica. Y así, día a día, vamos acumulando residuos afectivos sin saber cómo limpiarlos, sin saber que tenemos derecho, de vez en cuando, a sentirnos rotos, tristes, enojados o perdidos… y aun así ser valiosos.

¿La buena noticia? El pH emocional es dinámico. *No estás atrapado en la acidez.* No importa cuánto tiempo hayas vivido en ese estado, *siempre es posible recuperar el equilibrio*. Se puede depurar, se puede liberar, se puede transformar. Podemos, e incluso diría que debemos, aprender a «reciclar» ese sistema emocional.

El cuerpo emocional, igual que el físico, tiene una *inteligencia regenerativa natural* (resiliencia emocional), pero necesita espacio, permiso y consciencia para activarla. El primer paso es reconocer la acidez sin juicio. No desde la culpa ni desde la exigencia de «tener que estar bien», sino desde una mirada compasiva que se atreve a observar sin escapar.

La verdadera transformación no ocurre cuando negamos nuestras emociones, sino cuando las miramos de frente y decidimos dejar de sostener el dolor como identidad. Observa tu día, no para criticarte, sino para conocerte:

- ¿Cuántas veces sentiste un enfado sin expresarlo de forma sana y ese enfado se volvió tensión o silencio hostil?
- ¿Cuántas veces tragaste culpa como si fuera tu deber sufrir, aunque no eras culpable de la situación acaecida?

- ¿Cuántas veces te invadió una tristeza antigua, pero la disfrazaste de ocupación o productividad?

Esa carga emocional no desaparece porque no la veas. Se va acumulando en capas invisibles, se esconde detrás de la rigidez, se cuela en la voz, en la mirada, en el sueño, en los músculos. Cuando el vaso emocional se llena de ácido, todo empieza a doler: el cuerpo, la mente, el vínculo con uno mismo, la forma en que respiramos, amamos o incluso nos sentamos en silencio.

La buena noticia es que ese vaso se puede vaciar. No de golpe, no con fórmulas mágicas, sino gota a gota, día a día, con pequeños actos de honestidad, de expresión sincera, de autocuidado emocional y de nutrición afectiva.

Y todo empieza con una sola decisión: *dejar de ignorar lo que ya está dentro y comenzar a escucharlo con presencia.*

En el siguiente capítulo veremos el otro extremo, lo que ocurre cuando negamos completamente la acidez y caemos en una burbuja de dulzura forzada. Pregúntate: ¿qué parte de tu historia emocional sigue pidiendo ser digerida, no evitada?

Capítulo 3

Alcalosis emocional

En el otro extremo del desequilibrio emocional encontramos un fenómeno menos hablado pero igualmente peligroso: la alcalosis emocional.

A diferencia de la acidosis, que se genera por la acumulación continua de emociones densas no procesadas, la alcalosis nace de una negación sistemática de todas esas emociones, una sobrecompensación hacia todo lo «positivo», lo luminoso, lo supuestamente deseable. Es el intento inconsciente obsesivo de sobrevivir emocionalmente a través de la evasión. En lugar de ir al fondo de lo que sentimos, intentamos rodearlo con frases bonitas repetitivas, pensamientos elevados, evasiones «divertidas», o falseando una sonrisa constante… aunque muy por dentro estemos quebrados.

Aquí estaríamos hablando, por poner un ejemplo, de la llamada evasión psicoespiritual o *Spiritual Bypassing*, una corriente pseudofilosófica que aplaude la evasión mediante la apariencia de lo positivo, disfrazado de espiritualidad, en lugar de la confrontación con la realidad interna.

Personalmente, me considero un firme defensor de la meditación, tanto contemplativa como en su versión *mindfulness*, así como de la práctica del yoga. Como tal, he vivido profundas experiencias en ese mundo, muy positivas para mi desarrollo personal, pero también he podido percibir

cómo la evasión psicoespiritual ha hecho una profunda me-
lla en el ego social de muchas personas que «sobreviven» en
ese ciclo constante de la evasión emocional.

Aquí no hay sombra porque todo debe brillar. No hay
tristeza porque «todo es perfecto». No hay enfado porque
«hay que vibrar alto».

La incomodidad en la «evasión del positivismo» debe ser
transformada de inmediato. El dolor debe tener una causa
espiritual, normalmente externa, y la ira –¡pobre de ella!–
queda desterrada como si fuera un demonio incompatible
con el amor.

En ese entorno emocional, la autenticidad queda arrinco-
nada, sustituida por una especie de decorado psicoemocional que quiere simular bienestar pero no lo encarna.

El problema no es la alegría ni la calma, ni tampoco la fe.
Al contrario. El problema surge cuando esas emociones son
forzadas o impostadas y se utilizan como muros para no tocar
la tristeza, el miedo, la soledad o el vacío.

Cuando reprimimos las emociones difíciles en nombre
de una paz artificial, creamos una desconexión profunda con
nuestra *verdad interna*. Nos volvemos expertos en parecer
bien… pero incapaces de sostener lo que sentimos.

Y aunque desde fuera puede parecer que todo está en orden –personas amables, sonrientes, espirituales o ultramoti-
vadas–, por dentro puede estar ocurriendo otra cosa: una
especie de huida constante del dolor, una ansiedad encubierta por tener que estar siempre bien, o una culpa silenciosa
cada vez que surge una emoción «incorrecta».

La alcalosis emocional no duele como la acidosis… nos
adormece. No genera estallidos, sino desconexión. No estre-
sa tanto por lo que se siente, sino por lo que no se permite
sentir. Es como vivir flotando por encima de la vida real, sin
tocar tierra, sin tocar carne, sin tocar sombra. Y sin sombra

no hay profundidad. Eso no quiere decir que el estado te proteja eternamente; por desgracia, todo lo contrario. Quienes han habituado a su ego a evadir las emociones mediante construcciones mentales de corte psicoespiritual suelen convertirse en niños emocionales cuando la vida les confronta con situaciones que exigen una mínima gestión interna.

En lugar de sostener lo que sienten, reaccionan con implosiones o explosiones emocionales que terminan *acidificando su sistema emocional*, justo lo contrario de lo que pretendían alcanzar en ese estado de *pseudoespiritualidad* donde aparentan habitar.

Bajo el disfraz de la calma o la luz, lo que en realidad esconden es una inmadurez afectiva que los deja sin herramientas cuando el alma pide presencia real. Pero no estás solo. Y no es irreversible. Muchos hemos pasado por ahí. Yo también pasé por esa etapa donde creer que ser fuerte es no llorar, donde pensamos que manifestar abundancia es negar nuestras heridas, donde confundimos «pensar positivo» con anestesiarnos emocionalmente.

Y, sin embargo, cuando abrimos espacio para lo que duele –cuando lo sentimos sin miedo y sin etiquetas–, empezamos a *recuperar la conexión con nosotros mismos*. Y con ella la posibilidad de una alegría más verdadera, una calma más encarnada, una luz que no niega la sombra, sino que se hace más clara gracias a ella. Porque toda luz real nace de haber atravesado alguna oscuridad con presencia.

Esta burbuja de dulzura forzada tiene muchas caras, y la mayoría de ellas están tan bien enmascaradas que podemos caer presas de engaños, manipulaciones y terribles mentiras que pueden arrastrar a sociedades completas. Tal teatro no siempre es fácil de detectar, porque está disfrazado de buena voluntad, espiritualidad o autocontrol emocional. Pero si afinamos la mirada aparecen señales claras:

- Sonrisas que esconden fatiga emocional. Esa sonrisa que se vuelve automática, como una máscara aprendida, aunque por dentro haya cansancio, frustración o un «no puedo más» silenciado.
- Frases automáticas como «todo pasa por algo», que se dicen sin contacto real con lo que duele. Palabras que, en lugar de acompañar, anulan la emoción del otro. No es lo mismo esperanza que negación.
- Incapacidad para sostener el sufrimiento, tanto el propio como el ajeno. Hay una intolerancia al dolor, una necesidad urgente de «arreglar» al otro, de consolar demasiado rápido, de evitar el silencio incómodo.
- Dificultad para poner límites, especialmente en entornos donde se idealiza la «alta vibración». El miedo a ser visto como negativo, conflictivo o poco evolucionado lleva a ceder, callar o sostener vínculos que en el fondo desgastan.

Detrás de esa apariencia de equilibrio, la alcalosis emocional genera también síntomas internos que intoxican de otra forma:

- Apatía encubierta de optimismo. Una especie de desconexión disfrazada de positividad. Se habla mucho, se sonríe mucho pero se siente poco. La vida se vuelve «bonita» por fuera y vacía por dentro.
- Agotamiento espiritual y/o mental, provocado por la exigencia constante de «estar bien», de tener la respuesta correcta, de mantener una imagen de paz interior aunque en el interior haya una tormenta.
- Relación disfuncional con el silencio, la tristeza o la rabia ajena. Se evita el llanto, se incomoda la queja legítima, se rehúye la confrontación. Como si cualquier emoción incómoda fuese una amenaza al sistema.

- Pérdida de profundidad emocional y autenticidad en los vínculos. Las conversaciones se llenan de frases hechas, de consejos no solicitados, de espiritualidad estandarizada. Y en medio de tanta «luz y amor», a veces se nos olvida simplemente abrazar al otro sin pedirle que cambie nada.

Ésta es la trampa de la alcalosis emocional: parece armonía, pero muchas veces es disociación disfrazada de paz. Un intento sincero –pero inconsciente– de protegernos del dolor que acaba por terminar desconectándonos de la vida real, de los demás y de nosotros mismos.

Pero hay una salida. No se trata de dejar de buscar la calma, la alegría o la expansión. Se trata de *recuperarlas como frutos naturales del trabajo interior*, no sólo como disfraces obligatorios. La verdadera paz no teme a la tristeza. La verdadera alegría sabe llorar cuando toca. Y la verdadera luz no necesita negar la sombra, *la integra, la abraza y se fortalece con ella*. Es importante entender algo: *la alegría verdadera sólo nace cuando hemos tocado fondo con compasión y nos hemos permitido sentir*. No se trata de una alegría luminosa porque todo es perfecto, sino de una alegría que florece porque hemos sido capaces de mirar nuestra oscuridad sin huir. Es la alegría que llega después de haber llorado a fondo, de haber aceptado la pérdida, de habernos abrazado en la caída. Una alegría que no brilla por superficial, sino por auténtica. Sin esa profundidad, lo «positivo» no transforma, disfraza. Se convierte en una máscara amable pero frágil, una capa de color encima de un lienzo que aún no ha sido pintado con la verdad.

La positividad no es enemiga, pero sí lo es el culto al «todo está bien» cuando nada lo está. Esa insistencia en sostener una emoción que no se siente se vuelve violencia sutil contra uno mismo. Porque negar lo que sentimos, aunque sea en nombre de la «alta vibración», es alejarnos de nuestro centro emocional.

El alma no necesita una fiesta perpetua. Precisa espacio, verdad y humanidad. Necesita tiempo para digerir el duelo, lugar para expresar el cansancio y permiso para no tener respuestas. Sólo así, desde esa honestidad cruda y amable, puede renacer la claridad interior. Pregúntate con honestidad:

- ¿Cuántas veces has forzado una sonrisa para no incomodar?
- ¿Cuántas veces has dicho «estoy bien» cuando no lo estabas?
- ¿Cuántas veces te has exigido «estar en paz» cuando lo que necesitabas era romper en llanto?

¿Has notado alguna vez que cuanto más te exigías estar bien, más te alejabas de ti mismo? ¿Te has sorprendido repitiendo frases motivacionales que no sientes como propias? Quizá ahí empieza tu alcalosis emocional. En esa desconexión progresiva del sentir, en esa evitación del dolor en nombre de una luz mal entendida. La buena noticia es que puedes volver. Volver al cuerpo. Volver a lo real. Volver al equilibrio. A tu equilibrio.

En el siguiente capítulo exploraremos cómo encontrar el punto medio: ese terreno sutil donde lo ácido y lo alcalino se encuentran y se equilibran. Donde la tristeza puede convivir con la esperanza, la calma puede abrazar la rabia y la vida emocional deja de dividirse en «bueno» o «malo», y comienza a vivirse con presencia.

Pero antes respira profundamente y pregúntate: ¿qué emoción he estado forzando y cuál he estado ocultando?, ¿qué parte de mí he maquillado de luz para no mostrar mi herida?

Capítulo 4

El punto de equilibrio

Entre la acidez que quema y la dulzura que anestesia, existe un punto, un lugar sutil casi invisible donde se encuentra el verdadero centro del bienestar emocional: el punto de equilibrio.

No es un estado idealizado ni una meta permanente, sino un espacio interno que se construye a cada instante, con honestidad, sensibilidad y escucha.

El equilibrio emocional no significa estar siempre bien. Tampoco significa centrarnos en el drama y el victimismo desarrollando una filosofía de vida negativa y pesimista. No se trata de controlar lo que sentimos ni de alcanzar una especie de neutralidad emocional sin sobresaltos. *El equilibrio emocional no es ausencia de emociones intensas, sino la presencia consciente en medio de ellas.* Es poder sentir tristeza sin quedarte atrapado en ella. Es permitirte enfadarte sin herir ni destruir. Es abrirte a la alegría sin miedo a que se termine. Es sostener el miedo sin convertirlo en cárcel.

Equilibrar no es reprimir, es regular. No es negar lo que sentimos, es acompañarlo desde la consciencia. Cuando estamos en equilibrio, no evitamos las emociones, las habitamos sin perdernos en ellas. No reaccionamos por impulso, sino que respondemos desde un centro más lúcido, más consciente y conectado con la realidad, no con su interpretación egótica. Sabemos cuándo hablar, cuándo callar, cuándo soltar, cuándo abrazar, cuándo retirarnos y cuándo abrirnos. No desde la mente, sino desde esa sabiduría silenciosa que emerge cuando el sistema emocional se siente contenido y respetado. Encontrar ese punto no es fácil. Requiere práctica, paciencia y presencia, porque el equilibrio es dinámico. Hoy estás ahí, mañana te inclinas un poco hacia la acidez, pasado mañana te escoras hacia la evasión y así va la vida. *No es una línea recta. Es una danza.* Un movimiento continuo entre extremos con un corazón que aprende a volver al centro sin juzgarse por haberse ido. Y ese «volver» es el verdadero arte. Volver al cuerpo cuando la mente se acelera. Volver al presente cuando la emoción te arrastra. Volver a ti cuando te has perdido. Porque una vez hace mucho tiempo todos nos perdimos en los entresijos y laberintos de una mente llena de dolor e incomprensión. Pero lo importante no es dónde o cuándo nos perdimos en nosotros mismos. Porque no importa cuánto te hayas alejado, *el punto de equilibrio siempre está disponible, esperando a ser habitado de nuevo.*

Un pH emocional sano no significa vivir en una alegría constante ni eliminar las emociones «difíciles». Significa vivir en *coherencia emocional,* permitirte sentir lo que es verdadero en ti sin caer en el drama ni refugiarte en el maquillaje emocional. Es poder sostener la tristeza sin hundirte en ella, como quien acompaña a un amigo que necesita llorar: con respeto, sin prisa y sin intentar cambiarlo a la fuerza. Es poder expresar la ira sin destruir al otro, reconociendo el fuego como una fuerza que puede encender, pero también calcinar. Es poder sentir el miedo sin paralizarte, escuchando su mensaje sin permitir que tome el timón de tu vida. Y al mismo tiempo, es abrirte a la calma, la gratitud, la ternura y el gozo, pero sin forzarlos, sin fingirlos, sin hacer de ellos una obligación espiritual o una pose emocional.

Este equilibrio es dinámico, no estático. No se alcanza una vez y ya está. No es un trofeo, es un entrenamiento. Cada día, cada vínculo, cada desafío, cada conversación es una nueva oportunidad para observar cómo estás, cómo te tratas, cómo regulas tu mundo interior. Algunas veces lograrás estar en tu centro; otras veces, no. Pero si te observas sin juicio y te devuelves con cariño al punto de equilibrio, ya estás habitando tu salud emocional. Honrar lo que sientes no significa actuar desde cualquier emoción que aparezca. Significa darte el espacio para sentirla, entenderla y elegir qué hacer con ella. Ésa es la clave del equilibrio: escuchar sin obedecer, validar sin justificar, sentir sin aferrarte.

Un pH emocional saludable no es perfección emocional. Es presencia amorosa en medio de la imperfección emocional.

¿Cómo se reconoce este punto de equilibrio? No hay un marcador exacto ni una fórmula universal correcta, pero sí existen señales internas, momentos de claridad emocional que nos indican que estamos más cerca de nuestro centro que del ruido. Es cuando puedes llorar sin sentirte débil, porque entiendes que las lágrimas no son un signo de fragilidad, sino de humanidad.

Son el deshielo del alma, la forma en que lo que duele encuentra su cauce hacia fuera sin ahogarte por dentro. Es cuando puedes reír sin necesidad de esconder tu dolor, porque ya no usas la alegría como escudo, sino como puente. Sabes que ambas pueden coexistir, que una carcajada puede brotar incluso en medio del duelo y que no necesitas estar completamente bien para celebrar algo bello.

Es cuando sabes cuándo hablar y cuándo guardar silencio, no por miedo o por complacencia, sino por sabiduría emocional. Porque reconoces que no todo debe decirse al instante ni todo debe ser tragado. Te escuchas primero y desde ahí decides cómo actuar.

Es cuando dejas de pelearte con lo que sientes, y, en su lugar, empiezas a relacionarte con tu emoción. La observas. Le haces espacio.

Te haces preguntas en lugar de castigos. Ya no te juzgas por sentir, sino que aprendes a habitar cada emoción como quien visita una habitación que también forma parte de su casa. Y, sobre todo, es cuando comienzas a sentirte en casa dentro de ti, incluso cuando el mundo afuera está en tormenta. Cuando reconoces que no necesitas tenerlo todo resuelto para estar en paz con lo que eres, con lo que sientes y con el camino que estás recorriendo. Ése es el punto de equilibrio. No perfecto. No fijo. Pero sí real y profundamente humano. Vivir desde el equilibrio emocional no te convierte en alguien perfecto, sino en alguien presente. Presente contigo mismo, con tus emociones, con tus decisiones. Presente con los otros, sin exigirles que te sostengan ni esconderte de lo que te despiertan. Presente con la vida, aceptando sus ciclos, sus matices, su complejidad.

Este equilibrio no es una cima que se conquista y ya está. Es una práctica diaria, a veces torpe, a veces luminosa, siempre humana.

Es recordar que puedes estar en paz incluso en medio del caos y que puedes perder el centro sin que eso te defina. Pero cuidado, alcanzar ese equilibrio no es una línea recta. No es un estado permanente ni una medalla que se cuelga en el pecho. Es más bien un latido, un ir y venir. A veces, de nuevo, volverás a caer en la acidez, reaccionando desde la herida y repetirás patrones psicoemocionales. Otras veces te observarás refugiándote en una alegría superficial, intentando evitar el fondo. No pasa nada, de verdad. Cada desajuste es una oportunidad. Cada caída, un ensayo. Cada regreso al centro, una victoria invisible.

Como un funambulista que camina sobre la cuerda floja con los brazos abiertos, tú también puedes desarrollar el arte de equilibrarte emocionalmente: sentir sin hundirte, ajustar sin castigarte, avanzar sin forzarte, y cuando caigas, saber cómo levantarte. Porque ése es el verdadero arte de vivir, no el de no tambalear, sino el de reconocer cuándo has perdido el centro y elegir, siempre, volver a ti. Veamos cómo hacerlo.

Capítulo 5

Los sistemas reguladores

Para mantener un pH emocional saludable, necesitamos bastante más que sanas y buenas intenciones. La voluntad de cambio es necesaria, sí, pero no suficiente para alcanzar el punto de equilibrio del que he hablado en el capítulo anterior.

Así como un jardín no florece sólo porque lo deseemos, nuestro mundo emocional tampoco se equilibra sólo con afirmaciones optimistas o propósitos bondadosos. Necesitamos acción, *sistemas reguladores*: estructuras internas, hábitos sanos y conscientes, pequeñas prácticas que nos ayuden a ajustar, transformar y sostener lo que sentimos sin caer en los extremos de la acidez o la evasión. Estos sistemas no son algo artificial ni ajeno; por el contrario, están profundamente inspirados en la propia *sabiduría del cuerpo,* que regula de manera continua su equilibrio interno sin que tengamos que pensarlo.

El cuerpo humano tiene mecanismos de autorregulación maravillosos –como los pulmones, los riñones o los sistemas tampón– que se activan de forma casi invisible para protegernos, limpiarnos y reequilibrarnos. Y si eso ocurre en lo fisiológico, también puede suceder en lo emocional. Como es arriba es abajo, como es en la mente es en el cuerpo, y viceversa.

¿Y si tu respiración pudiera ayudarte a liberar lo que te bloquea? ¿Y si tus relaciones actuaran como filtros que limpian o intoxican tu estado emocional? ¿Y si tu propio lenguaje interno funcionara como un sistema tampón que amortigua el impacto de las emociones intensas?

La *inteligencia emocional encarnada* funciona así. No se trata de evitar sentir, sino de crear las condiciones para *sentir sin rompernos, sin perdernos, sin quedarnos atrapados.* Este capítulo no te enseñará a controlar las emociones, sino a regularlas con consciencia. Porque regular no es reprimir, es acompañar. Es estar presente con lo que sientes y tener recursos para sostenerte, cuidarte y reencontrar tu centro. Significa no huir de la emoción, sino reconocerla como un mensaje legítimo del cuerpo y de la psique. Es poder mirarte desde dentro sin juzgarte, ofrecerte la calma que necesitas y activar herramientas –respiración, consciencia corporal, diálogo interno sano– que te devuelvan a un estado de equilibrio. Es comprender que el verdadero bienestar no surge de eliminar lo que duele, sino de aprender a sostenerlo con madurez, hasta que la tormenta interna se transforme en claridad y confianza. Es hacer uso de las herramientas que tu maravilloso ser tiene a su disposición.

A continuación, exploraremos tres grandes sistemas reguladores del cuerpo humano y sus equivalentes simbólicos en nuestra vida emocional:

- El *sistema tampón emocional*: nuestra primera línea de contención interna.
- Los *pulmones emocionales*: lo que nos permite liberar, exhalar, soltar.
- Los *riñones emocionales*: lo que filtra, selecciona, limpia lo que nos rodea.

Cada uno de ellos es una invitación a conocerte más y a construir tu propio sistema emocional saludable desde lo real, desde lo simple y desde lo que sí está en tus manos. Veámoslos más detenidamente.

1. El sistema tampón emocional

En el cuerpo, los sistemas tampón cumplen una función vital: actúan como una primera línea de defensa para mantener el pH de la sangre y los tejidos dentro de un rango muy estrecho, cercano a la neutralidad.

Aunque pueda parecer un detalle menor, este equilibrio es crucial: basta una ligera desviación hacia la acidez o la alcalinidad para que las enzimas dejen de funcionar correctamente, los órganos se vean comprometidos y la vida misma corra peligro.

Entre estos mecanismos destacan el sistema tampón bicarbonato, el fosfato y las proteínas (como la hemoglobina).

Todos ellos funcionan como amortiguadores inmediatos: capturan o liberan iones de hidrógeno (H+), según lo que necesite el organismo en cada momento. Por ejemplo, si el entorno se vuelve demasiado ácido, el bicarbonato puede unirse a esos iones de hidrógeno y formar ácido carbónico, que luego se transforma en agua y dióxido de carbono, fácilmente eliminable por los pulmones.

Este proceso ocurre de forma automática, sin que lo percibamos, y asegura que cada célula tenga las condiciones óptimas para realizar sus funciones. Sin los sistemas tampón, cada comida, cada esfuerzo físico o incluso cada emoción intensa podrían desestabilizar el pH y generar un caos fisiológico constante. Son, en definitiva, guardianes silenciosos del equilibrio interno, siempre trabajando en segundo plano para sostener la vida.

En el plano emocional, ocurre algo muy similar. A lo largo del día, experimentamos emociones intensas, cambios de humor, tensiones internas, desafíos relacionales… y si no tenemos un sistema emocional que amortigüe esos impactos, terminamos reaccionando de forma impulsiva, desconectándonos o acumulando toxicidad emocional. El sistema tampón emocional está formado por *herramientas internas que autorregulan de inmediato* el impacto de una emoción. No la eliminan, no la resuelven del todo, pero sí la contienen, la suavizan y nos dan el espacio necesario para responder desde un lugar más centrado. Son, básicamente, como una red emocional de seguridad.

Estas herramientas no necesitan ser complejas; al contrario, cuanto más sencillas y conscientes, más poderosas.

Estudiémoslas más de cerca.

La pausa consciente

El simple acto de detenerte antes de reaccionar puede cambiar por completo tu experiencia emocional. Una pausa de apenas cinco segundos entre el estímulo y la respuesta es suficiente para modificar el rumbo: puede ser la diferencia entre herir o comprender, entre acumular o liberar.

Sé por experiencia que esto no es en absoluto fácil o simple, pero también soy consciente de que es posible y, te lo aseguro, la recompensa personal merece el esfuerzo.

Desde la neurociencia sabemos que en situaciones de intensidad emocional las *amígdalas cerebrales* pueden secuestrar al cerebro, activando respuestas automáticas de lucha, huida o bloqueo. Es un mecanismo ancestral de supervivencia, pero no siempre útil en la vida cotidiana. En esos instantes, los *lóbulos frontales* –y en particular la corteza prefrontal– tienen la capacidad de ejercer un papel inhibidor, calmando el exceso de activación emocional y devolviéndonos la posibilidad de pensar con claridad.

La pausa consciente es, en realidad, un entrenamiento para ese sistema: al detenernos, damos tiempo a que las neuronas inhibitorias del lóbulo prefrontal frenen la descarga impulsiva de la amígdala. Ese breve espacio, ese «momentum», abre una ventana de libertad en la que recuperamos el poder de elegir en lugar de ser arrastrados por los reflejos emocionales.

Practicar esta pausa no significa reprimir lo que sentimos, sino darle a la emoción un marco donde pueda expresarse con madurez sin convertirse en un acto impulsivo que después lamentemos. Es el puente entre la reacción automática y la respuesta consciente, entre el cerebro instintivo y la mente proactiva capaz de crear futuro.

La respiración profunda

Cuando respiras de forma profunda, pausada y consciente, envías una señal inequívoca a tu sistema nervioso: no hay peligro inmediato. Este simple gesto activa el nervio vago, que funciona como un puente secreto hacia la calma, permitiendo que el cuerpo abandone el modo de alerta y regrese a un estado de equilibrio.

Al inhalar y exhalar con lentitud, el diafragma estimula receptores que indican al cerebro que puede reducir la producción de cortisol y adrenalina. Mientras tanto, los lóbulos prefrontales reciben mayor oxígeno y glucosa, fortaleciendo su capacidad para modular las reacciones de la amígdala. Dicho de otro modo: la respiración profunda no sólo calma el corazón, sino que también le devuelve al cerebro el poder de elegir antes de dejarse arrastrar por el impulso. Cada inhalación se convierte en una llave que abre la puerta de la calma, y cada exhalación, en una forma de soltar la carga que oprime.

La respiración profunda no elimina los problemas, pero cambia la forma en la que los habitamos. Es un recordatorio sencillo y poderoso: tu ancla al presente siempre viaja contigo, en el ritmo secreto de tus pulmones.

La escritura reflexiva

Poner en palabras lo que sentimos, sin censura, sin buscar estética ni lógica, es una de las formas más poderosas de digestión emocional.

La escritura nos permite abrir una válvula de desahogo que no daña a nadie, porque no volcamos sobre el otro, sino que liberamos hacia el papel. Lo que era un nudo confuso empieza a desenredarse, y la emoción se transforma en claridad.

Desde la neurociencia sabemos que este proceso no es sólo simbólico; al escribir, la información emocional que nace en el sistema límbico transita hacia los lóbulos frontales, en especial al hemisferio izquierdo, responsable del lenguaje y de la organización lógica. De este modo, lo que era un impulso emocional difuso se convierte en un relato estructurado, y esa traducción neural produce un efecto de templanza: la emoción se enfría, pierde su carga impulsiva y se integra de manera más consciente.

Escribir es como sumergir el hierro incandescente en agua fría; lo que arde encuentra un cauce para serenarse. Con el tiempo, leer lo escrito abre otra dimensión, la de mirarnos desde fuera, reconocer patrones y descubrir en nuestra propia voz una guía para el autoconocimiento.

La escritura reflexiva no es sólo catarsis, es también un espejo lúcido del alma en proceso de comprenderse.

La meditación

Meditar no es dejar la mente en blanco. Eso sería negar la naturaleza misma de la mente, que está hecha para pensar, sentir y generar imágenes. Meditar es algo mucho más humano y profundo; es aprender a observar sin identificarte, a sostener lo que surge sin fundirte con ello, como quien contempla el fuego sin necesidad de meter la mano en las llamas.

En la práctica de la meditación cultivamos la presencia, ese estado en el que la emoción puede manifestarse, desplegarse y marcharse, igual que una nube cruza el cielo sin que nadie intente retenerla. En ese gesto humilde de observar se produce un cambio neurológico profundo: las amígdalas, encargadas de disparar las alarmas emocionales, reducen su hiperactividad; al mismo tiempo, los lóbulos prefrontales –especialmente la corteza prefrontal dorsolateral y ventromedial– refuerzan sus circuitos de regulación. Es como si la mente aprendiera poco a poco a no dejarse arrastrar por cada oleada interna.

Numerosos estudios de neuroimagen han demostrado que la meditación aumenta la densidad de materia gris en regiones asociadas a la atención, la empatía y la autorregulación. En palabras sencillas, entrenamos el músculo de la calma y afinamos el radar de la consciencia. Esto convierte a la práctica meditativa en un auténtico *sistema tampón emocional*, capaz de amortiguar los picos de estrés y de cultivar una respuesta más sabia frente a lo que ocurre.

El *mindfulness*, en este sentido, es una herramienta sencilla y accesible, pero de una potencia transformadora enorme. Nos recuerda que no somos nuestras emociones, sino el espacio que las contiene, y que en ese espacio siempre existe la libertad de elegir cómo responder. Meditar con regularidad no es retirarse del mundo, sino entrenarse para habitarlo con más serenidad, más claridad y más compasión.

El lenguaje interno compasivo

Lo que nos decimos por dentro puede convertirse en bálsamo o en veneno. La voz interior no es neutra, crea los pensamientos que generan las emociones, para después acompañar cada emoción dándole el poder de amplificar el dolor o de suavizarlo hasta volverlo soportable.

Cuando usamos un lenguaje rígido, duro o crítico hacia nosotros mismos, añadimos una segunda herida a la ya existente; no sólo sentimos la emoción original, sino también el castigo de no permitirnos sentirla.

Rigurosos estudios científicos nos recuerdan que el cerebro no distingue demasiado entre lo que escuchamos del exterior y lo que nos repetimos por dentro. Las palabras internas activan las mismas redes neuronales de dolor o de calma que las externas. Así, una autocrítica constante estimula la hiperactividad de la amígdala y eleva la producción de cortisol, mientras que un lenguaje amable y compasivo activa el sistema de cuidado (que involucra a la oxitocina y los circuitos prefrontales) que nos devuelve la seguridad y regulación. En otras palabras, cómo nos hablamos cambia literalmente nuestra biología emocional y, por cierto, también la estructura del cerebro craneal. La filosofía antigua ya intuía esto. Los estoicos hablaban del arte de gobernar el diálogo interior como la base de la libertad; los budistas lo llamaban mente compasiva, y en la psicología moderna, Kristin Neff y otros investigadores han demostrado con rigor que la autocompasión incrementa la resiliencia, reduce la ansiedad y nos hace más capaces de aprender de los errores sin hundirnos en ellos.

Cultivar un lenguaje interno compasivo no es autoengaño ni indulgencia vacía, es un acto de realismo afectivo. Significa hablarte como hablarías a alguien a quien amas profundamente: con firmeza, pero también con ternura; con verdad, pero sin crueldad. Este diálogo se convierte en el *tampón más poderoso* de todos, porque habita en el centro mismo de la psique.

Cada vez que eliges palabras de cuidado hacia ti, estás sembrando un suelo emocional fértil donde el dolor puede transformarse en aprendizaje y la emoción intensa en calma. Es, quizá, la herramienta más silenciosa y a la vez más transformadora: el arte de reconciliarte contigo mismo en la intimidad de tu propia voz.

Estos recursos que hemos visto no evitan que sintamos, pero sí *modulan la intensidad y el impacto de lo que sentimos.* Son la primera línea de defensa ante la tormenta emocional. No actúan desde el control, sino desde la contención amorosa. Y como todo músculo, cuanto más los usas, más fuertes se vuelven.

Desarrollar un buen sistema tampón emocional no significa que nunca más perderás el equilibrio. Significa que cuando lo pierdas sabrás cómo sostenerte sin romperte del todo y cómo volver a ti sin quedarte atrapado en lo que duele.

2. Los pulmones emocionales

En el cuerpo, los pulmones cumplen una de las funciones más esenciales para la vida: renovar el aire interno de manera ininterrumpida. Con cada exhalación, liberamos dióxido de carbono (CO_2), un desecho metabólico que, si se acumula, se convierte en veneno para nuestras células.

Con cada inhalación, incorporamos oxígeno, el combustible indispensable para que cada órgano, cada tejido y cada neurona puedan seguir funcionando. En este delicado equilibrio entre expulsar lo que sobra y recibir lo que nutre se sostiene la vida misma.

Cuando el ciclo se interrumpe, aunque sea durante segundos, el cuerpo lo percibe como una amenaza. Una exhalación contenida impide liberar las toxinas que nos intoxican desde dentro; una inhalación superficial nos priva del oxígeno que necesitamos para pensar, sentir y movernos.

Respirar es mucho más que un acto automático; es un *diálogo constante entre el adentro y el afuera*, un dar y recibir que nos recuerda nuestra interdependencia con el mundo.

La respiración es, en realidad, pura vida en movimiento, una danza permanente entre tomar y soltar, entre acoger lo nuevo y dejar ir lo que ya no sirve. Así, los pulmones se convierten en metáfora viva de nuestro propio proceso emocional: «Necesitamos aprender a inhalar experiencias, afectos y aprendizajes que nos nutran, pero también a exhalar culpas, miedos y tensiones que, de permanecer atrapados, terminan intoxicando nuestro bienestar».

En lo emocional, ocurre exactamente lo mismo. También necesitamos *exhalar todo aquello que acumulamos*. Dejar salir lo que ya no nos nutre. Si una emoción se queda dentro sin ser expresada, *se estanca, se pudre, se endurece o se convierte en síntoma*. El sistema se carga. Nos ahogamos en silencio.

Los pulmones emocionales son las *vías de salida del sentir*. Son esas prácticas, momentos o canales que nos permiten liberar tensión emocional de forma segura, consciente y liberadora. Expresar no es explotar, *es permitir que la emoción se mueva, que no se quede atrapada en el cuerpo, en la garganta, en el pecho o en el estómago*. Aquí algunas formas profundamente humanas de activar tus pulmones emocionales:

Hablar con alguien de confianza

Esto sería como una respiración pausada, rítmica, donde vamos expulsando el aire con orden y calma. A veces basta con decirlo. Con poner en voz alta lo que pesa y dejar que las palabras encuentren un cauce fuera de la mente.

No siempre necesitamos consejos, soluciones o fórmulas mágicas; a menudo lo que precisamos es simplemente un testigo compasivo, alguien que escuche desde el corazón, sin juzgar y sin apresurarse a cerrar la herida.

Ser escuchado con presencia ya es en sí mismo un acto de sanación. Cuando la emoción tiene un espacio seguro para expresarse, se suaviza, pierde intensidad y empieza a ordenarse. Lo que en el silencio parecía un caos indescifrable al ser compartido encuentra estructura, claridad y hasta alivio.

La ciencia nos muestra que hablar en voz alta sobre lo que sentimos activa los circuitos del *lenguaje en el hemisferio izquierdo* y reduce la sobrecarga de las amígdalas, responsables de amplificar la intensidad emocional.

Este proceso, conocido como etiquetado afectivo, funciona como un regulador natural: al nombrar lo que sentimos, lo contenemos. No eliminamos la emoción, pero disminuimos su impacto en el cuerpo y en la mente.

Compartir con alguien de confianza es, por tanto, una forma de respiración emocional: exhalamos lo que nos oprime y damos espacio para que entre el aire fresco de la comprensión.

En esa conversación sincera, lo confuso se vuelve más claro, lo doloroso se vuelve más llevadero y lo solitario se transforma en un vínculo que nos recuerda que no tenemos que cargar solos con todo.

Llorar cuando lo necesitas

Llorar no es una debilidad, es una *respuesta biológica y emocional* al desborde interno, y no siempre es por tristeza. Las lágrimas no son sólo agua con sal: contienen hormonas del estrés, endorfinas y elementos químicos que ayudan a regular el equilibrio del cuerpo. Por eso, después de un llanto sincero, solemos sentir alivio, como si una carga invisible hubiera sido liberada. Las lágrimas limpian, oxigenan y regulan. Son una vía natural de excreción emocional, un lenguaje que el cuerpo utiliza cuando ya no bastan las palabras. Llorar permite que lo que estaba comprimido encuentre una salida honesta, sin dañar a nadie y sin necesidad de explicaciones complejas.

Desde la neurociencia sabemos que el llanto activa el sistema parasimpático, favoreciendo la relajación después de la tensión, y que además despierta áreas cerebrales relacionadas con la empatía, lo que explica por qué que nos vean llorando suele despertar consuelo y cuidado en los demás.

El llanto es, por tanto, un mecanismo de autorregulación individual y también un puente de conexión social. No hay nada que vacíe mejor el alma que un llanto sincero, expresado con dignidad y sin vergüenza. Tus lágrimas no te hacen más débil: te recuerdan que eres humano, que tu cuerpo sabe cómo liberar lo que la mente no consigue sostener. Llorar es, en definitiva, otra forma de sanar.

Gritar en soledad si hace falta

Hay emociones que no caben en palabras, que buscan un canal más intenso para abrirse paso. El grito es una de esas salidas primitivas, tan antiguas como la propia especie. No es necesario dirigirlo contra alguien, sino hacia lo invisible: hacia la montaña que escucha, hacia el agua que envuelve, hacia la almohada que recoge el rugido sin juzgar… Es un acto íntimo y a la vez universal, un eco que viaja desde dentro hacia fuera y nos devuelve un instante de alivio.

Cuando gritamos de forma consciente, el cuerpo libera tensión acumulada en los músculos, en el diafragma y en la garganta. La descarga activa circuitos cerebrales vinculados a las amígdalas, responsables de la intensidad emocional, pero al mismo tiempo la liberación sonora permite que los lóbulos prefrontales recobren espacio para organizar lo que sentimos. Es como si el grito abriera una grieta en el bloqueo y por esa grieta entrara aire nuevo, oxígeno para el alma.

Una forma de darle cuerpo al desgarro interno, de transformarlo en vibración y dejarlo salir. Tras el estruendo llega el silencio. Y en ese silencio muchas veces aparece una calma inesperada, como si el corazón agradeciera haber encontrado un cauce para lo que no podía seguir encerrado.

El grito consciente no es violencia, es catarsis.

Cantar, escribir, bailar tu emoción

El arte también es pulmón emocional. Cada vez que cantas, bailas, escribes o pintas, abres una puerta a lo que estaba encerrado. La música convierte la tristeza en melodía; la danza transforma la rabia en movimiento; la escritura ordena el caos en palabras; el dibujo da forma al silencio.

Lo que no puedes decir lo puedes cantar. Lo que no puedes entender lo puedes mover. Lo que no puedes explicar lo puedes escribir.

La ciencia confirma lo que el alma siempre supo: cuando nos expresamos artísticamente, activamos áreas del cerebro vinculadas a la recompensa, la creatividad y la regulación emocional.

Los lóbulos frontales, el sistema límbico y la corteza motora se sincronizan para dar salida a lo que parecía inabarcable. No se trata de estética ni de talento, sino de transmutación: la emoción deja de ser un peso mudo para convertirse en forma, color, sonido o palabra. El arte no sólo expresa, transmuta. Es un lenguaje paralelo, un cauce donde la energía emocional se convierte en algo vivo y compartible.

Al crear, dejamos de ser contenedores pasivos de lo que sentimos y nos volvemos alquimistas: transmutamos dolor en belleza, miedo en danza, soledad en voz. Y en esa transmutación, lo que nos dolía empieza a respirar de otro modo, como algo que fluye, no como algo que oprime. Y lo más poderoso es que no hace falta «saber hacerlo bien».

Puedes tararear en la ducha aunque no tengas oído, escribir sin preocuparte por la ortografía o la gramática, mover tu cuerpo sin que eso se parezca a un baile, o garabatear un cuaderno con trazos que nadie entienda más que tú.

La clave no está en el resultado, sino en el proceso: dejar que el cuerpo y la mente se expresen sin filtros. En todos los casos, lo importante es que la emoción *salga sin dañar, sin reprimir, sin volcarse sobre el otro como descarga.* No se trata de dramatizar, sino de liberar con consciencia.

La emoción necesita moverse. No vino para quedarse atrapada. Vino a decirte algo y luego a salir. Exhalar la pena, el enojo o el miedo es vital para que el sistema emocional no colapse. Y del mismo modo que una respiración profunda nos ayuda a calmar la mente, una *expresión emocional consciente nos ayuda a desahogar el alma.*

Cuando tus pulmones emocionales funcionan bien, no necesitas cargar con lo que ya no sirve. Te conviertes en una persona que *siente profundamente, pero que ya no acumula innecesariamente.* En alguien que sabe llorar, gritar, reír o escribir para no enfermar.

3. Los riñones emocionales

En el cuerpo, los riñones son los grandes guardianes del equilibrio interno. Filtran la sangre, eliminan toxinas, conservan lo útil y regulan los niveles de lo que el cuerpo necesita para vivir con salud. Sin ellos nos intoxicaríamos con rapidez. No basta con comer bien o respirar profundamente; si el cuerpo no elimina los residuos, el daño es inevitable.

En lo emocional, el principio es justo el mismo. Nuestro sistema emocional *también necesita filtrar*, depurar, discernir entre lo que nutre y lo que contamina, porque no todo lo que sentimos viene de dentro. Muchas veces nos cargamos con emociones ajenas, entornos tóxicos, discursos internos heredados o vínculos que ya no sostienen nuestra salud afectiva.

Los riñones emocionales representan esa capacidad consciente de decir «esto sí» y «esto ya no». Son el centro interno que evalúa lo que permanece, lo que se transforma y lo que necesita ser soltado. No desde el juicio, sino desde la sabiduría del autocuidado.

Filtrar emocionalmente es un acto de madurez. Y comienza con preguntas honestas como éstas:

¿Qué vínculos te acidifican constantemente?

No todos los vínculos son nutritivos. Igual que los riñones filtran la sangre para separar lo que nutre de lo que intoxica, nuestras relaciones también requieren un filtro emocional que distinga lo que fortalece de lo que desgasta.

Hay personas cuya presencia drena, que juzgan sin darse cuenta, manipulan o invaden porque no han aprendido otra forma de vincularse. No siempre es maldad; muchas veces es inconsciencia, repetición de patrones heredados, heridas no resueltas que se proyectan en los demás.

La ciencia nos recuerda que los vínculos influyen directamente en nuestro cuerpo: una relación tóxica activa sin cesar el sistema de alarma cerebral, aumentando la actividad de las amígdalas y elevando los niveles de cortisol.

Con el tiempo, esa sobrecarga se traduce en fatiga, ansiedad, pérdida de concentración y un desgaste profundo de la energía vital. El organismo se «acidifica» emocionalmente, como si la sangre cargara con desechos que no consigue eliminar. Por eso, reconocer cómo te sientes después de compartir tiempo con alguien es tan importante como vigilar la calidad del aire que respiras o del agua que bebes.

¿Te quedas ligero, inspirado, en calma? ¿O te notas pesado, confuso, drenado?

Esa escucha interna afina tu filtro emocional, te da pistas de qué vínculos funcionan como agua fresca y cuáles actúan como un veneno lento.

No estás obligado a sostener lo que te deshace. Así como los riñones expulsan lo que no sirve para que el cuerpo se mantenga vivo, también tú necesitas aprender a soltar vínculos que intoxican, aunque cueste. No se trata de rechazar ni de condenar, sino de proteger tu equilibrio interno. No son juicios ni acusaciones. Son límites y protección personal. Porque igual que el cuerpo enferma cuando los riñones fallan, el alma se debilita cuando mantenemos lazos que sólo nos restan vida.

¿Cuáles son los hábitos mentales que más sabotean tu equilibrio?

No siempre son los vínculos externos los que nos intoxican; muchas veces es la propia mente la que genera su propio veneno. Es más, en muchas ocasiones mantener vínculos tóxicos es una clara muestra de nuestros propios hábitos mentales dañinos.

Igual que los riñones deben filtrar lo que proviene del interior del organismo, también nosotros necesitamos aprender a reconocer esas corrientes de pensamiento que circulan una y otra vez como toxinas invisibles. La comparación constante, que nos roba la paz al mirar hacia fuera y olvidar nuestro propio camino.

La autocrítica severa, que se convierte en un juez implacable dentro de la cabeza. La culpa que nunca se digiere y se queda adherida como una película pegajosa al corazón. El miedo anticipatorio que fabrica catástrofes que quizá nunca sucedan. El perfeccionismo obsesivo que convierte cada error en un motivo de tortura.

La neurociencia muestra cómo estos guiones repetitivos activan el eje del estrés de manera similar a una amenaza real. La amígdala se enciende, el cortisol se eleva y el cuerpo se comporta como si estuviera en guerra, aunque el enemigo sólo sea un pensamiento. Es un bucle real de retroalimentación; cuanto más pensamos de forma tóxica, más se altera la química cerebral, y cuanto más se altera esa química, más difícil resulta detener el flujo de pensamiento.

Filtrar, entonces, no es sólo aprender a cortar con personas o situaciones dañinas, sino también con los hábitos mentales que repetimos sin darnos cuenta. Es un acto de consciencia: observar qué pensamientos se cuelan cada día y preguntarnos si realmente nos sirven o si son residuos del pasado que seguimos reciclando.

Igual que los riñones discriminan con precisión qué se queda y qué se expulsa, la mente también puede entrenarse para dejar ir lo que intoxica. El equilibrio no se alcanza silenciando la mente, sino afinando el filtro, permitiendo que pasen las ideas que nos nutren, las que nos sostienen y nos orientan, y aprendiendo a soltar con suavidad –y sin culpa– aquellas que sólo desgastan. Porque al final, lo que pensamos a diario es la sangre de nuestra vida interior: de su pureza depende la salud de nuestro espíritu.

Me gustaría mostrar una metáfora que suelo usar en mis talleres de crecimiento personal. Imaginemos por un momento que en nuestra infancia nuestros progenitores nos entregan un pequeño terreno: un espacio vital aún por cultivar pero con el potencial suficiente para albergar un jardín. Si ellos desde su experiencia o sabiduría emocional ejercen de jardineros conscientes, comenzarán a sembrar en ese terreno árboles frondosos, plantas aromáticas, flores llenas de color y vitalidad. Además, delimitarán el espacio con una valla sólida que protegerá el jardín de posibles intrusiones o daños externos.

En esta metáfora, el jardín representa el conjunto de emociones, creencias y percepciones saludables que desarrollamos sobre nosotros mismos gracias a la interacción con nuestros padres. La valla, por su parte, simboliza nuestra dignidad: ese límite invisible pero firme que impide que los demás transgredan nuestros valores, vulneren nuestro espacio interior o traspasen aquello que nos define como seres íntegros.

Ahora existe también otro escenario alternativo. Supongamos que, por amplio desconocimiento, negligencia emocional o simplemente por una herencia transgeneracional no resuelta, nuestros cuidadores siembran ortigas, zarzas y plantas invasivas. No hay flores ni árboles; no hay armonía, y tampoco se construye una valla que delimite el terreno. Así, lo que debería ser un jardín se convierte en un campo hostil, y lo que debería estar protegido, queda completamente expuesto.

Llegada la adultez, este segundo caso implica una profunda labor de reparación. Requiere identificar y erradicar las raíces de la maleza –creencias limitantes, heridas afectivas, patrones relacionales tóxicos– y, con paciencia y esfuerzo, cultivar un nuevo jardín. Este proceso no es instantáneo: demanda tiempo, decisiones conscientes y el uso de herramientas psicoemocionales adecuadas. Al mismo tiempo, es indispensable erigir la valla que represente nuestra dignidad, pues sólo así podremos preservar los frutos de ese nuevo amor propio y evitar que los demás lo traspasen o lo destruyan.

Aunque no tiene mucho que ver con la dinámica del libro, espero que te haya servido de ayuda.

¿A qué espacios sigues yendo que te drenan emocionalmente?

Hay lugares que ya no nos pertenecen, aunque sigamos frecuentándolos por costumbre, por lealtad o por miedo a romper con lo conocido. Espacios donde la energía se contrae en lugar de expandirse, donde uno se apaga un poco para encajar, donde la autenticidad se esconde detrás de máscaras para ser aceptado. Permanecer ahí es un sinónimo de beber agua contaminada: sacia la sed por un instante, pero deja un rastro de toxinas invisibles que tarde o temprano pasan factura.

El cuerpo lo percibe antes que la mente: la respiración se vuelve superficial, los hombros se tensan, aparece un bostezo inexplicable, una incomodidad silenciosa que pide salir.

La neurociencia explica que en entornos que se perciben como hostiles o poco nutritivos se activan microseñales de estrés: la amígdala detecta la falta de seguridad, el sistema nervioso simpático eleva el nivel de alerta y el organismo empieza a liberar cortisol. Aunque intentemos disimularlo con la razón, el cuerpo ya gritó la verdad en su propio idioma, a su propia forma.

Ser leal a esos espacios muchas veces es ser desleal con uno mismo. Insistir en permanecer donde ya no creces es como obligar a los riñones a retener toxinas en lugar de eliminarlas. Cada lugar, cada entorno, debería funcionar como un río que alimenta; si, en cambio, se convierte en un pantano que estanca, lo más sabio es aprender a soltarlo.

Escucha al cuerpo. Presta atención a esa sensación de drenaje que se instala al salir de ciertos lugares. No es casualidad: es tu organismo que te avisa de que algo no te nutre.

Y honrar esa señal es también una forma de autocuidado profundo, de fidelidad a tu propio equilibrio.

Filtrar no es rechazar. No es volverse frío o egoísta. Es diferenciar lo que te nutre de lo que te intoxica y actuar en consecuencia. Es darte permiso para decir que *no*, para tomar distancia, para cambiar hábitos, para proteger *tu paz*. Y a veces, el filtro más importante es *la decisión de dejar de exponerte al desamor cotidiano, venga de quien venga, incluso de ti mismo.*

Tu salud emocional mejora en cuanto decides *quitarte de lo que te quita.* Ahí comienzan la depuración, la renovación y el renacimiento. Estos sistemas no son fórmulas rígidas. *No hay una única manera de aplicarlos, ni una receta universal que funcione para todos.*

Son prácticas vivas, flexibles, íntimas. Puedes fortalecerlos con el tiempo, ajustarlos según tu momento vital, adaptarlos a tus ritmos, a tu biografía emocional, a tu manera única de habitarte. Lo importante no es hacerlo perfecto, sino *hacerlo presente*. No es cumplir con un protocolo emocional, sino descubrir qué necesitas hoy, aquí y ahora, para regular tu mundo interno sin reprimirlo, sin desconectarte ni exigirte ser quien no eres.

Cada uno de estos sistemas es una *puerta hacia la autoescucha*, hacia una forma más amable y sostenible de estar en ti:

- Tal vez necesites fortalecer tu *sistema tampón emocional* y cultivar pausas, respiración y autocompasión.

- Quizá lo urgente sea activar tus *pulmones emocionales* y por fin permitirte llorar, gritar, escribir o hablar desde la verdad.
- O es posible que sea hora de afinar tus *riñones emocionales* y empezar a filtrar lo que ya no te nutre, lo que te pesa, lo que drena tu luz sin darte nada a cambio.

La clave está en escucharte, no en exigirte. En acompañarte mejor, no en corregirte más. Porque al igual que tu cuerpo regula constantemente su química sin que tengas que pedirlo, tú también puedes desarrollar una *inteligencia emocional orgánica* que no nace de técnicas impostadas, sino de una *presencia amorosa y honesta con lo que sientes.*

No necesitas tenerlo todo claro para empezar. Sólo precisas empezar a estar contigo de otra manera.

¿Y tú? ¿Cuál de estos sistemas necesitas activar hoy? Hazte esa pregunta en silencio y escucha la respuesta con el corazón abierto.

Aquí tienes tres prácticas para el entrenamiento de estos sistemas.

Práctica para el sistema tampón emocional

La pausa consciente de 3 minutos

Duración sugerida: 3 minutos (o los que necesites).

1. Siéntate en silencio y cierra los ojos.
2. Haz tres respiraciones lentas y profundas, sin forzarlas.
3. Lleva tu atención al cuerpo y pregúntate: «¿Qué estoy sintiendo ahora mismo?» «¿Dónde lo siento en el cuerpo?».
4. Nombra mentalmente la emoción (por ejemplo: «siento tristeza», «siento tensión»).
5. Imagínate que estás sosteniendo esa emoción como sostienes algo frágil entre tus manos, como un cachorrito.
6. No la reprimas, no la analices. Sólo acompáñala.

Esta práctica actúa como un *amortiguador emocional inmediato*, permitiendo que la emoción sea contenida con presencia, sin que se apodere de ti.

Práctica para los pulmones emocionales

Carta que no se envía

Duración sugerida: 10 a 15 minutos.

1. Toma papel y bolígrafo (mejor que escribir en el móvil).
2. Escribe una carta dirigida a una persona, a ti mismo, a una emoción o a una situación.
3. Permítete decir todo lo que no te has permitido expresar. Sé honesto, crudo, humano. No cuides las formas.
4. Cuando termines, no la releas de inmediato. Dóblala, guárdala o quémala (si sientes que ya soltaste).
5. Respira profundamente al cerrar el ejercicio.

Esta práctica actúa como una *exhalación emocional simbólica*, dándote permiso para liberar sin explotar, para expresar sin dañar. Debes ser absolutamente honesto y sincero en ella.

Práctica para los riñones emocionales

Escaneo de toxicidad y nutrición

Duración sugerida: 15 a 20 minutos.

1. Divide una hoja en dos columnas.
2. En la izquierda escribe: «Lo que me acidifica».
3. En la derecha: «Lo que me alcaliniza».
4. Rellena cada una con nombres de personas, hábitos, pensamientos, rutinas o entornos.
5. Luego observa ambas listas. Subraya:
   - Lo que necesitas reducir o eliminar.
   - Lo que necesitas cultivar o fortalecer.
6. Elige una acción concreta para esta semana en cada dirección (soltar algo / reforzar algo).

Esta práctica entrena tu capacidad de *filtrar conscientemente*, lo que te permite tomar decisiones desde el autocuidado, no desde el miedo o la costumbre.

No hay equilibrio emocional sin prácticas que lo sostengan. No hay transformación sin espacios donde podamos *respirar, filtrar y contener* lo que sentimos.

Los sistemas que hemos explorado –tampón, pulmones y riñones emocionales– no son teorías abstractas. Son imágenes vivas, funciones simbólicas que te invitan a mirar dentro y preguntarte lo siguiente: ¿qué necesitas soltar?, ¿qué necesitas pausar?, ¿qué necesitas cuidar? Cada persona tiene una alquimia única. Tal vez tú necesites más silencio, más expresión o más límites. Quizá lo que a otros les calma a ti te pesa. Y eso está bien. La clave no está en copiar fórmulas ajenas, sino en construir tu propio lenguaje emocional, a tu ritmo, con tu cuerpo, con tu historia. No estamos aquí para no sentir. Estamos aquí para *sentir con consciencia, con humanidad y con dignidad.*

Regula, respira, filtra. Y cada vez que te pierdas vuelve a ti. Ése es el arte. Ésa es la medicina. Ésa es la vida emocional cuando se vive despierta.

Capítulo 6

El pH emocional en las relaciones

El pH emocional no es un fenómeno individual encerrado en los límites de la piel. No ocurre sólo en la intimidad de la mente o en las grietas del alma. El pH emocional *se expresa, se refleja y se altera constantemente en nuestras relaciones,* porque somos seres relacionales. Porque nos formamos, nos herimos y también sanamos a través del contacto con los demás. De hecho, las relaciones humanas son uno de los *principales agentes modificadores* de nuestro equilibrio emocional.

Una palabra, una mirada, una ausencia o un gesto pueden alcalinizarnos o acidificarnos en segundos. Y lo más delicado es que muchas veces ese impacto no se percibe hasta que ya es demasiado tarde, cuando el vínculo ha erosionado nuestra autoestima, cuando el cuerpo empieza a enfermar, cuando nos damos cuenta de que estamos cansados, no de la vida, sino de ciertos vínculos que no supimos nombrar a tiempo.

Cada relación que mantenemos actúa como un compuesto químico emocional. Puede ser un amortiguador que estabiliza nuestro estado interno o una sustancia corrosiva que va contaminando lentamente nuestro centro. Y entre esos dos extremos hay infinitas combinaciones: relaciones nutritivas pero exigentes, vínculos estables pero fríos, lazos cargados de afecto y también de tensión. Por eso podemos hablar de un fenómeno que muchos intuimos, pero pocos hemos aprendido a observar con consciencia: el *pH emocional compartido*. Cada espacio relacional tiene un clima afectivo, un campo emocional que no se ve pero se respira. Está en la forma en que nos miran, en el tono de las palabras, en los silencios que se alargan o en la calidez de un gesto. Es un aire invisible que circula entre las personas y que, de un modo u otro, se imprime en la piel y en el alma.

Aunque no podamos describirlo con precisión lo sentimos. Entramos en un lugar y sabemos, antes de pensarlo, si hay calma o tensión, si hay apertura o juicio, si allí podemos expandirnos o debemos contraernos para sobrevivir.

La neurociencia afirma que nuestras neuronas espejo y los circuitos límbicos están diseñados para captar las emociones de los demás de forma automática. Por eso hablamos de «contagio emocional». No hace falta que alguien nos explique lo que siente, lo percibimos en su cuerpo, en su respiración, en los microgestos que apenas duran un segundo.

Ese clima colectivo, repetido en el tiempo, acaba modelando nuestra propia regulación interna: nos calma si es nutritivo, nos acidifica si es hostil. Cada relación es, en ese sentido, un ecosistema emocional.

Igual que el aire contaminado afecta a los pulmones, un ambiente emocional tóxico desgasta el sistema nervioso y altera nuestra química interna.

Y del mismo modo que el aire puro oxigena y revitaliza, un espacio relacional sano nos expande, nos devuelve energía, nos permite ser más nosotros mismos. Aunque no lo veamos lo sentimos. Y aprender a escuchar esa sensación —esa brújula silenciosa del cuerpo— es quizá uno de los actos más sabios de autocuidado. Porque no sólo habitamos casas, calles o paisajes, también habitamos climas afectivos. Y elegir bien dónde respirar se convierte en una cuestión vital para el equilibrio emocional.

Ese Ph compartido lo sentimos en el cuerpo cuando nos acercamos a alguien, en la voz que se suelta o se tensa, en el pecho que se abre o se cierra, en el nivel de presencia que podemos sostener sin miedo a ser juzgados.

¿Cómo se percibe ese pH emocional compartido?

- Por el tipo de emociones que se generan habitualmente en la interacción. Hay relaciones donde predomina la crítica, la culpa, la competencia sutil o el chantaje afectivo. Y otras donde florecen la calma, la inspiración, la escucha y la ternura.
- Por la seguridad o inseguridad que sentimos al expresarnos. Hay espacios donde puedes mostrarte sin armaduras, y otros donde incluso el silencio parece arriesgado. El sistema nervioso lo sabe antes que la mente.
- Por el nivel de autenticidad, respeto, escucha y cuidado mutuo. Cuando un vínculo tiene un pH emocional saludable, se nota: no necesitas medir cada palabra ni esconder lo que sientes. Puedes ser tú y el otro también.

El pH emocional no es sólo lo que sientes tú. Es también *lo que se construye entre tú y el otro.*

Una danza invisible entre dos sistemas emocionales que se afectan, se influencian y se espejan. Por eso este capítulo es una invitación a que afines tu mirada relacional. A que te preguntes no sólo cómo estás tú, sino cómo están tus vínculos. Qué suman. Qué restan. Y cómo puedes comenzar a generar espacios donde el equilibrio emocional no sea una excepción, sino una posibilidad real y cotidiana.

Estudiemos cómo los diferentes tipos de sistemas interrelacionales sienten su propio pH emocional.

Relación de pareja

La relación de pareja es, quizás, *uno de los laboratorios más intensos del pH emocional compartido*. En ella se activan nuestras luces y nuestras sombras, nuestros anhelos más profundos y también nuestras heridas más antiguas. Por eso, cuando el vínculo es sano, se convierte en un espacio de crecimiento, refugio y evolución. Sin embargo, cuando no lo es, puede transformarse en una fuente crónica de acidez emocional, a veces tan sutil que sólo se percibe cuando ya ha desgastado profundamente la conexión.

Una pareja con un pH emocional saludable no es aquella donde nunca hay conflicto. Ni aquella donde todo es armonía ni donde siempre se piensa igual. Una pareja emocionalmente sana es aquella donde *hay espacio para hablar desde el sentir*, donde cada parte se permite ser vulnerable sin miedo a ser ridiculizada o invalidada, y donde las necesidades emocionales pueden nombrarse sin temor al rechazo. No se trata de una relación perfecta, sino de una relación presente: viva, real, con errores, desacuerdos, pausas pero con el compromiso de cuidarse emocionalmente.

Cuando predomina el respeto, la escucha, la ternura, la risa compartida y la libertad emocional, el sistema se alcaliniza. Ambos miembros sienten que pueden respirar dentro del vínculo. Que no tienen que fingir, ni encogerse, ni mendigar afecto. El ambiente se siente propicio para crecer y una profunda y maravillosa sensación comienza a florecer. Ser uno mismo se vuelve seguro.

Pero si el vínculo se llena de juicio constante, de control bien disfrazado de protección, de indiferencia emocional, de pasivo-agresividad camuflada como distancia llena de excusas, el sistema se vuelve ácido. Se acidifica la relación y el sistema es insalubre. Y como en toda acidez sostenida, erosiona silenciosamente: apaga la espontaneidad, congela la sexualidad, ahoga el deseo de compartir y convierte la compañía en una carga o un campo de batalla emocional. El amor no es suficiente si no hay salud emocional compartida. Puedes amar profundamente a alguien y, al mismo tiempo, sentir que la relación te está haciendo enfermar. Por eso, más allá del amor, es necesario observar la calidad emocional del vínculo:

- ¿Puedo ser yo mismo contigo?
- ¿Podemos hablar sin miedo al castigo emocional?
- ¿Siento que me nutres o que me desgastas?

Una pareja sana no es aquella en la que no hay heridas, es aquella en la que hay voluntad de sanar juntos, sin imponer, sin manipular, sin disfrazar. Cuando el pH emocional de la relación es equilibrado, el amor deja de doler y empieza a sostener y a convertirse en abono para el amor propio de cada uno de los cónyuges, generando crecimiento conjunto e individual.

Sistema familiar

La familia (la de sangre o la que elegimos) es el sistema emocional en el que crecemos, vivimos y morimos. Con ella aprendemos de forma inconsciente cómo se expresan (o se silencian) las emociones, qué está permitido sentir, cómo se gestionan los conflictos, qué se considera debilidad o fortaleza y sobre todo cuál es el precio de ser uno mismo.

El pH emocional familiar moldea profundamente la base de nuestro sistema emocional. Si crecimos en un entorno en el que se reprimía el llanto, en el que el miedo se escondía tras la ira, en el que se gritaba para «educar» o se callaba para evitar el conflicto, es probable que hayamos interiorizado una química emocional ácida. Y esa acidez se cuela en nuestras relaciones adultas. Nos vuelve hipervigilantes, ansiosos, complacientes, explosivos o desconectados.

Las familias con un pH emocional ácido no siempre son abiertamente violentas. A veces son simplemente frías, muy racionales, hiperexigentes o ausentes a nivel emocional.

Otras veces son contradictorias: abrazan pero hieren; prometen pero no sostienen. Y en esa confusión, el niño que fuimos aprendió a adaptarse a costa de sí mismo.

Pero el pasado no lo es todo. No estamos condenados a repetir la química emocional que heredamos. Hoy, ya como adultos, podemos observar, reconocer y transformar esos patrones. Podemos aprender a generar un nuevo pH familiar, aunque nuestra familia de origen no lo haya hecho posible. Ese nuevo entorno puede ser simbólico: una pareja, un grupo de amigos conscientes, una comunidad emocionalmente segura o incluso un espacio interno donde por fin nos escuchan.

La familia elegida es un acto de consciencia. Es una afirmación vital que dice las siguientes palabras: «No puedo cambiar de dónde vengo, pero sí puedo elegir con quién seguir construyendo». Y en esa elección, en ese tejido nuevo de vínculos auténticos, se puede crear una familia emocional alcalina:

- Donde hay verdad aunque duela.
- Donde hay ternura, incluso en los desacuerdos.
- Donde hay sostén sin control, cercanía sin juicio, amor sin condiciones.

El pH emocional familiar no sólo marca nuestros inicios, también puede ser el terreno fértil donde decidimos reinventarnos. Vamos a diferenciar entre ambos tipos de familia.

La familia genética (o de sangre)

La familia genética es aquella en la que nacemos: padres, madres, hermanos, abuelos, etc. Es donde se instala muchas veces la programación emocional inconsciente que arrastramos durante años.

En esta familia aprendemos a interpretar el mundo emocional: si se valora la vulnerabilidad o se castiga, si se puede llorar o no, si hay lugar para la diferencia o si hay que encajar para ser querido. Si crecimos en un entorno donde se reprimía el llanto, donde el miedo se disfrazaba de silencio o la rabia se normalizaba como forma de comunicación, es muy probable que hayamos desarrollado un pH emocional ácido desde la infancia. Y esa química afectiva se queda grabada en nuestros músculos, en nuestras palabras, en nuestras elecciones adultas.

Pero incluso dentro de estas familias genéticas, puede haber un amor verdadero y profundo. No se trata de juzgar el origen, sino de reconocer con honestidad lo que fue y lo que necesitamos ahora.

La familia elegida (o del corazón)

Con el paso del tiempo, muchas personas descubren que su familia de sangre no puede o no sabe ofrecerles el tipo de nutrición emocional que necesitan para florecer. Y ahí nace una decisión vital, que es crear una familia desde el corazón.

La familia elegida no es sólo un grupo de personas con las que compartimos el día a día. Es ese círculo íntimo de amor, compuesto por tus seres más queridos con los que puedes ser tú sin miedo, donde tienen lugar tus emociones, donde la escucha es profunda y el afecto no depende del rendimiento, ni de tu historia, ni de tus heridas. Es una familia construida desde la consciencia, el respeto, la lealtad emocional y la autenticidad. Y en muchas ocasiones con estos lazos aprendemos por primera vez a tener un pH emocional alcalino, es decir, equilibrado, nutritivo y reparador.

No podemos elegir de dónde venimos, pero sí hacia dónde vamos y con quién. No se trata de rechazar el pasado, sino de *honrar el derecho a construir un presente más sano*. Y a veces sanar tu linaje emocional no es arreglar lo roto, sino crear algo nuevo y limpio a partir de ti.

Tu pH emocional puede transformarse cuando decides *dejar de sobrevivir en vínculos que te contraen* y empiezas a *cultivar relaciones que te expanden con verdad y ternura*.

Amistades y grupos

Las amistades son uno de los escenarios más sutiles –y más potentes– donde se manifiesta el pH emocional compartido. A diferencia de la familia o la pareja, las amistades no están unidas por la obligación, sino por la resonancia emocional. Y, sin embargo, muchas veces nos quedamos en vínculos de amistad que ya no nutren, que dejaron de acompañar y comenzaron a pesar. No todas las amistades son nutritivas. Algunas sólo sobreviven desde la crítica, la comparación o la queja permanente. Son relaciones donde el afecto está teñido de competencia desleal, sarcasmo o manipulación emocional. Amistades con las que ya no puedes abrirte sin recibir un juicio, o en las que tu crecimiento personal se percibe como una amenaza. En estos espacios, el pH emocional tiende a ser ácido, y poco a poco empieza a afectarte: te desgastas, te apagas o te vuelves alguien que ya no te representa.

Por otro lado, hay amistades que te elevan, te escuchan, te contienen y te reflejan. No son perfectas pero son auténticas. Puedes mostrar tus sombras sin miedo. Puedes no estar bien sin sentirte una carga. Puedes hablar de lo profundo, reírte de lo simple y guardar silencio sin incomodidad. Esas amistades actúan como reguladores emocionales naturales. Te alcalinizan. Te devuelven a ti.

También están los grupos o entornos sociales a los que pertenecemos: el círculo laboral, los equipos de estudio, las comunidades espirituales o culturales. Algunos de estos grupos tienen un clima emocional claro: se respira confianza, cooperación, motivación, respeto. Otros, en cambio, son campos de tensión sostenida, donde el juicio, la rigidez o la competencia silenciosa contaminan la energía emocional del grupo. Por eso es importante hacerse una serie de preguntas sencillas pero reveladoras. ¿Qué emoción predomina cuando compartes tiempo con ellos? ¿Te sientes más ligero o más cargado? ¿Puedes ser tú o debes encajar? ¿Sientes expansión o tensión? ¿Hay espacio para el error, para el afecto, para la honestidad?

No se trata de cortar de raíz cada vínculo que incomoda, sino de mirar con honestidad qué papel cumplen esas relaciones en tu equilibrio emocional actual. A veces una conversación basta para transformar el pH compartido. En otras ocasiones, se trata de tomar distancia o de asumir que ciertos ciclos ya se han cumplido.

Recuerda: no todo lo que dura es bueno. Y no todo lo nuevo es superficial. La calidad emocional de tus amistades no depende del tiempo, sino de la verdad que se respira cuando estáis juntos.

Equipos de trabajo

Pasamos gran parte de nuestra vida adulta dentro en entornos laborales y, sin embargo, pocas veces se habla del impacto emocional que esos espacios tienen en nuestra propia salud psicoafectiva. El trabajo no es sólo producción. Nada más lejos de la realidad, aunque sea una creencia demasiado extendida. Es interacción constante, exposición emocional, toma de decisiones bajo presión, vínculos que pueden sostenerte o desestabilizarte.

Un equipo con pH emocional equilibrado no es aquel en el que todo fluye siempre con armonía, sino aquel en el que existe humanidad, escucha y respeto emocional.

Es un equipo que permite el error sin castigo, porque entiende que equivocarse no es fracasar, sino parte del proceso de aprendizaje. Es un equipo que *fomenta el diálogo sin manipulación*, donde se puede disentir sin miedo y donde las conversaciones difíciles no se transforman en guerras encubiertas. Es un equipo que respeta los ritmos y los límites de cada integrante, sabiendo que detrás de cada función hay una persona con emociones, tiempos y realidades distintas.

Cuando un entorno de trabajo tiene un pH emocional sano, las personas no sólo rinden más, sino que también viven mejor. Hay más creatividad, más motivación, más responsabilidad compartida. Las decisiones se toman con consciencia y el liderazgo se ejerce desde la conexión, no desde el control. Pero cuando el entorno laboral se vuelve ácido –por presión constante, juicios silenciosos, competitividad tóxica, falta de reconocimiento o liderazgo autoritario–, la toxicidad emocional se acumula y se filtra en cada tarea. El cuerpo se tensa, la mente se agota, el entusiasmo se apaga. Se instala el cansancio crónico, la desmotivación, el miedo a equivocarse, la sensación de no valer. Todo eso no se ve en los informes, pero se respira en el ambiente. Y lo más delicado: se lleva a casa.

El pH emocional de un equipo no es responsabilidad de una sola persona. Es una ecología afectiva colectiva. Pero cada uno puede realizar aportaciones con su forma de comunicarse, de respetar, de escuchar, de marcar límites sanos y de acompañar a los demás sin perderse a sí mismo.

A veces no es posible cambiar el entorno laboral. Pero sí cuidar tu lugar dentro de él. Puedes expresarte, protegerte, descomprimir. Puedes elegir no participar del veneno emocional que circula. Y si el entorno es profundamente tóxico y no hay ningún camino de cambio posible, también puedes dar el paso valiente de salir en busca de un lugar que respete tu salud emocional. Porque *ningún salario justifica el deterioro constante de tu equilibrio interior.*

Como hemos visto, no podemos cambiar a los demás, pero sí tomar decisiones sobre con quién, cómo y hasta dónde nos relacionamos. Y, sobre todo, podemos observar qué está generando cada relación en nuestro sistema. Hazte estas preguntas de vez en cuando: ¿qué vínculos alcalinizan tu propio mundo emocional?, ¿cuáles lo acidifican?, ¿qué puedes hacer con esa información?

A continuación, propongo una serie de prácticas específicas y profundas para cada tipo de vínculo relacional –pareja, familia, amistades y trabajo– con el objetivo de evaluar, depurar y mejorar el pH emocional compartido. Están diseñadas como ejercicios accesibles, reflexivos y emocionalmente significativos.

Te invito a que seas, o seáis, absolutamente honestos para su correcto desarrollo.

1. Práctica para la relación de pareja

Diálogo de pH emocional

Objetivo: detectar el equilibrio emocional del vínculo desde la verdad compartida.

Acuerda con tu pareja un momento de calma, sin pantallas ni interrupciones.

Cada uno responderá por turnos a estas 3 preguntas:

1. ¿Qué emociones predominan últimamente entre nosotros?
2. ¿Qué cosas de ti me nutren emocionalmente? ¿Cuáles me drenan?
3. ¿Qué necesito más, o menos, para sentirme seguro, visto y amado en esta relación?

Escuchaos sin interrupciones y sin correcciones. Sólo recibid.

Al finalizar, respirad juntos en silencio durante 2 minutos. Concluid el ejercicio agradeciendo lo compartido sin intentar resolverlo todo.

Esta práctica favorece la coherencia emocional compartida y el reajuste del vínculo sin juicio.

2. Práctica para la familia (de origen o elegida)

Árbol de pH emocional

Objetivo: visualizar la herencia emocional y crear nuevas raíces.

Dibuja un árbol con dos partes:

1. Raíces: anota ahí los patrones emocionales heredados (por ejemplo, reprimir el llanto, callar el conflicto, proteger a todos menos a mí).
2. Copa: escribe las emociones o dinámicas que deseas cultivar en tu sistema familiar actual (por ejemplo, hablar desde el sentir, aceptar el error, pedir ayuda).

Observa el contraste entre raíces y copa.
Elige una acción o conversación que puedas llevar a cabo para acercarte a esa nueva copa.

Este ejercicio ayuda a honrar el pasado sin repetirlo con resignación y también a poder elegir conscientemente tu nueva ecología emocional familiar. Tu vida es tuya. Es tu responsabilidad. Tu compromiso con ella determinará la calidad de tu bienestar y el pH emocional.

3. Práctica para las amistades y grupos

Radar emocional

Objetivo: distinguir amistades que nutren de las que desgastan.

Haz una lista con los 5 amigos o personas con quienes pasas más tiempo.
Junto a cada nombre, responde a las siguientes preguntas:

1. ¿Qué emoción siento después de estar con esta persona?
2. ¿Puedo ser yo mismo con ella?
3. ¿Hay energía recíproca o me siento drenado?

Clasifícalas simbólicamente:
- Alcalinizante
- Neutra
- Acidificante

Decide:
4. ¿A quién quiero acercarme más?
5. ¿De quién necesito tomar distancia amorosa?

Este ejercicio fomenta la claridad relacional y te permite ajustar tus vínculos desde el amor propio.

4. Práctica para equipos de trabajo

Mapa emocional del entorno laboral

Objetivo: evaluar la química emocional del entorno profesional.

1. Dibuja un esquema simple de tu entorno laboral (personas o roles principales).
2. Para cada uno, responde a las siguientes preguntas:
    * ¿Puedo comunicarme libremente con esta persona?
    * ¿Cómo me siento de valorado, escuchado, respetado?
    * ¿Qué emoción predomina en nuestras interacciones?

3. Haz un resumen:
    * ¿Qué parte del entorno me sostiene?
    * ¿Qué parte me acidifica?
    * ¿Qué parte necesito transformar o protegerme de ella?

4. Elige una acción para esta semana: puede ser marcar un límite, proponer una conversación o simplemente dejar de absorber cierta dinámica.

Esta práctica promueve una responsabilidad emocional en el entorno profesional y ofrece estrategias realistas de autocuidado.

Conclusión.
El pH emocional en las relaciones

Ningún ser humano está exento de relaciones. Incluso en soledad, estamos en relación con nuestra historia, con nuestra memoria emocional, con la voz de aquellos que nos marcaron. Por eso, comprender el pH emocional de nuestros vínculos no es sólo un acto de análisis, es un acto de amor propio y de madurez afectiva.

Cada vínculo deja una huella en nosotros: algunos nutren mientras que otros erosionan. Algunos son espejos y otros laberintos. Algunos se sienten como hogar y otros como una guerra silenciosa. Y lo más importante no es etiquetarlos, sino observar con consciencia qué emoción predomina en nuestra interacción con cada uno. Porque lo que sentimos dentro de una relación es más revelador que cualquier discurso externo.

Reconocer que un vínculo te acidifica no es sinónimo de juzgar a la otra persona. Es responsabilizarte de tu estado interno y tomar decisiones conscientes sobre cómo habitar esa relación: con límites, con distancia, con transformación o con despedida. Y reconocer que un vínculo te alcaliniza no significa idealizarlo. Significa valorar lo que sí sana, lo que sí sostiene, lo que sí enraíza. Porque al final cada relación tiene su pH. Y tú también. Y cuando dos sistemas emocionales se encuentran, el resultado puede ser equilibrio o desequilibrio, expansión o contracción, vida o desgaste. No siempre podemos cambiar a los demás. Pero siempre podemos cambiar la forma en la que nos vinculamos con ellos desde la verdad, desde el cuidado, desde la consciencia emocional.

Cultivar relaciones con un pH emocional saludable no es tarea fácil, pero es uno de los actos más revolucionarios y sanadores que puedes realizar por ti mismo y por quienes te rodean. Y a veces todo empieza por una pregunta sencilla: ¿qué versión de mí florece cuando estoy contigo?

Capítulo 7

Ejercicios y reflexiones

Este capítulo no está pensado sólo para ser leído, sino también vivido. Con sinceridad, honestidad e intensidad. Es una invitación a dejar por un momento la mente analítica y comenzar a escuchar el cuerpo, el sentir y la experiencia directa. Aquí encontrarás propuestas sencillas en apariencia, pero profundamente poderosas si las haces con presencia y honestidad.

Cada una de ellas está diseñada para ayudarte a observar, regular y transformar tu pH emocional desde la práctica cotidiana, para que el conocimiento no se quede en la teoría, sino que se encarne en tu día a día.

Tómate estos ejercicios como un diario de pH emocional. En cada uno he dejado unas líneas en blanco para que puedas escribir en ellas lo que sientas, pero te aconsejo que dispongas de una libreta específica para esos ejercicios de desbloqueo emocional.

Tienes mi más sincera admiración…

1. Termómetro emocional diario

Objetivo: observar y registrar el pH emocional de cada día con consciencia.

Al final del día, dedica 5 minutos a responder en tu libreta o cuaderno las siguientes preguntas:
- ¿Qué emoción ha predominado hoy en mí?
- ¿Qué o quién la ha activado?
- ¿La he expresado, reprimido o transformado?
- ¿Mi día ha sido más ácido, más alcalino o equilibrado?

Hazlo durante una semana. Al final revisa los patrones. ¿Qué se repite? ¿Qué necesitas ajustar?

_____

_____

_____

_____

_____

_____

_____

_____

_____

_____

2. El frasco del pH emocional

Objetivo: llegar a visualizar la carga emocional acumulada.

Consigue un frasco más o menos grande de cristal transparente. Ten a mano papelitos de tres colores:
- Rojo: emociones ácidas
- Verde: emociones alcalinas
- Amarillo: emociones neutras o reguladoras

Cada vez que identifiques una emoción significativa, escribe en el papel:

Qué sentiste + qué lo provocó + cómo lo gestionaste

Dóblalo y guárdalo en el frasco. Al final de la semana vacía el frasco y observa lo siguiente:
- ¿Qué color predomina?
- ¿Estás acumulando o regulando?

_____

_____

_____

_____

_____

_____

_____

_____

3. El radar de vínculos

Objetivo: evaluar el impacto emocional de tus relaciones actuales.

Haz una lista de 5 a 10 personas con las que te relacionas con frecuencia. Junto a cada nombre, responde a las siguientes preguntas:

- ¿Qué emoción me despierta esta persona con frecuencia?
- ¿Cómo me siento después de estar con ella?
- ¿Puedo ser yo mismo en su presencia?
- Este vínculo ¿me alcaliniza, me acidifica o me equilibra?

Después, elige una acción para cuidar tu pH emocional con esa persona (obsérvate bien): acercarte, marcar un límite, transformar la dinámica o alejarte con respeto.

_____

_____

_____

_____

_____

_____

_____

_____

_____

4. La pausa consciente

Objetivo: activar el sistema tampón emocional en momentos de intensidad.

Cuando sientas una emoción fuerte, antes de actuar, haz lo siguiente:
1. Detente. Lleva tu atención al cuerpo.
2. Inhala en 4 tiempos, mantén en 4, exhala en 6. Hazlo 3 veces.
3. Pregúntate:
   - ¿Qué siento exactamente?
   - ¿Qué necesito ahora?
   - ¿Es necesario actuar o respirar un poco más?

Esta práctica crea espacio entre la emoción y la acción. Ese espacio es tu poder.

5. Carta que no se envía

Objetivo: liberar emociones contenidas sin dañar a nadie.

Escribe una carta dirigida a alguien con quien tienes emociones bloqueadas. Di todo lo que nunca pudiste decir. Sin filtros. Sin juicio. Sin adornos. No la vas a enviar. Pero sí la vas a leer en voz alta para ti mismo sólo una vez.

Luego decide qué hacer con la carta: quemarla, enterrarla, guardarla o romperla. Lo importante es que lo que estaba dentro ahora tiene un lugar fuera.

_____

_____

_____

_____

_____

_____

_____

_____

_____

_____

_____

_____

_____

_____

6. La línea del equilibrio

Objetivo: observar tus caídas y regresos al centro.

Dibuja una línea horizontal en una hoja. Marca el punto medio como tu centro emocional. A los lados señala:
- Izquierda: acidosis (reactividad, tristeza, irritación).
- Derecha: alcalosis (evasión, desconexión, positividad forzada).

Reflexiona:
- ¿Dónde he estado emocionalmente esta semana?
- ¿Qué me ha sacado de mi centro?
- ¿Qué me ha ayudado a volver?

Este mapa emocional te da perspectiva y fortalece tu brújula interna.

7. El día alcalino intencional

Objetivo: alcalinizar tu día desde la consciencia.

Elige un día de la semana y proponte crear conscientemente un entorno emocional expansivo. Incluye en tu día al menos 5 de estas acciones:

- Escuchar música que te inspire.
- Abrazar o compartir algo con alguien que te quiere bien.
- Caminar en silencio por la naturaleza.
- Agradecer conscientemente tres cosas.
- Reír, bailar, cantar o crear.
- Dormir bien y sin culpa.
- Decir no a algo que drene tu energía.

No se trata de evitar lo ácido, sino de equilibrarlo con más vida y conexión.

_____

_____

_____

_____

_____

_____

_____

_____

8. Escucha emocional profunda

Objetivo: reentrenar tu presencia en una conversación.

La próxima vez que alguien comparta contigo algo emocional, practica una escucha sin interrupciones. Sólo escucha. No aconsejes. No cuentes tu historia. No juzgues. Sólo mira, respira y recibe. Después, responde con algo como lo siguiente:

- «Gracias por confiar en mí».
- «¿Quieres que te escuche o que te diga lo que pienso?».
- «Estoy aquí. No hace falta que estés bien ahora».

Este ejercicio transforma la química emocional del vínculo y también la tuya.

_____

_____

_____

_____

_____

_____

_____

_____

_____

_____

9. Autodiálogo compasivo

Objetivo: cambiar el lenguaje interno ácido por uno alcalino.

Durante un día completo anota las frases duras o automáticas que te dices a ti mismo. Luego, una por una, transforma cada frase en su versión compasiva.

Ejemplo:

- Soy un desastre → Hoy me siento superado, pero estoy haciéndolo lo mejor que puedo.
- Siempre arruino todo → Estoy aprendiendo. Cometer errores no me define.

Practica este cambio de lenguaje cada vez que detectes un patrón ácido. Tu cuerpo emocional lo va a notar.

_____

_____

_____

_____

_____

_____

_____

_____

_____

_____

10. Meditación del pH emocional

Objetivo: integrar los extremos y regresar al centro.

Siéntate en silencio. Cierra los ojos. Respira. Imagínate que dentro de ti hay dos corrientes:

- Una roja que representa lo ácido.
- Una azul o blanca que representa lo alcalino.

Obsérvalas como ríos que fluyen hacia un mismo centro. Sin juzgar, permite que se mezclen, que se encuentren, que dialoguen. Permite que el agua se vuelva clara, tibia, contenida. Respira en ese punto de equilibrio. Termina diciendo en voz baja: «Estoy en mí. Todo cabe. Todo se puede transformar».

Reflexión final

No se trata de evitar las emociones ácidas ni de idolatrar las alcalinas. Cada una tiene su lugar, su mensaje y su función. Lo importante no es eliminarlas ni potenciarlas en exceso, sino aprender, saber escucharlas, transitarlas y darles un cauce saludable.

Este camino no va de perfección emocional, sino de crear un sistema emocional vivo, consciente y en movimiento. Uno que respete tus ciclos, tu historia y tu humanidad. Un sistema que sepa respirar contigo los días de calma y también los de tormenta.

Recuerda: tu pH emocional no es una condena, ni un defecto, ni un diagnóstico. Es una brújula, una señal. Un lenguaje interno que, si aprendes a descifrarlo, puede guiarte con firmeza hacia tu centro. Escúchala. Ajústala. Y confía en tu capacidad para volver. Siempre.

Ahora cierra los ojos un momento y pregúntate en voz baja: ¿qué práctica voy a empezar hoy para cuidar mi mundo emocional?

Y empieza por ahí.

Epílogo

Una vida regulada conscientemente

Este libro no ha pretendido ser una guía técnica ni una receta de autoayuda. Es más, no creo en absoluto en la autoayuda superficial. Soy un fiel creyente del autoconocimiento y de su profundo impacto en nuestra vida. Por eso, este libro es ante todo una invitación a mirar dentro. A descubrir que tus emociones no son el problema, sino sabias mensajeras. Que el desequilibrio no es un fracaso, sino una señal que pide ser escuchada. Que tu historia emocional no necesita ser silenciada ni corregida, sino abrazada.

Vivir con un pH emocional sano no significa escapar del caos ni blindarse ante el dolor. Significa aprender a navegarlo con respeto, con presencia, con dignidad.

No se trata de ser perfecto. Se trata de estar cada vez más en sintonía con lo que eres, con lo que sientes, con lo que eliges. Cada persona tiene su ritmo, su biología emocional, su alquimia interior… Por eso lo importante no es aplicar una fórmula universal, sino cultivar una relación íntima con tu mundo interno, como quien cuida un jardín, con atención, con paciencia, con amor.

Si alguna idea, ejercicio o palabra de este libro ha tocado algo en ti, déjalo germinar. No tengas prisa, es una fatal compañera en la odisea interior.

Vuelve a estas páginas cuando lo necesites. Reencuéntrate con tu centro cada vez que sientas que te alejas de él. Y recuerda siempre que todo cambio profundo comienza con un gesto pequeño. Parar, respirar. Y preguntarte con honestidad: ¿qué necesita hoy mi sistema emocional para volver a su centro?

Gracias por llegar hasta aquí.

Gracias por darte este espacio.

Gracias por permitir que este concepto te acompañe.

Que tu pH emocional sea siempre un camino hacia tu verdad, a tu Realidad (con R mayúscula).

Las emociones
(poesía para volver a ti)

Son olas del alma,
no cadenas ni tormentas.
Te habitan para hablarte,
no para condenarte.
El miedo te cuida,
la ira te grita,
la tristeza te honra
y la alegría te invita.
No niegues la sombra,
ni adores la luz.
Abraza la realidad
que te lleva a tu verdad.
Las emociones no son ruido,
son música sin partitura.
Si aprendes a orquestarlas,
descubrirás tu cura.
Así que siente,
respira,
y confía en el latido…
Que todo lo que sientes
quiere verte renacido.

Oskar Ugarte

Índice